Collection Dr. O. THÖNE

Directeur du Gymnase

à HANOVRE. · · · · · · ·

Première Partie
MONNAIES.

VENTE à AMSTERDAM, les 17, 18, 19 en 20 Septembre 1900, sous la direction de l'Expert-Numismatiste J. SCHULMAN à Amersfoort.

CATALOGUE

D'UNE RICHE COLLECTION DE

MONNAIES

THALERS MODERNS (Neuere Prägungen),
MONNAIES D'OR ET D'ARGENT DES DIVERS PAYS DE L'EUROPE,
SÉRIE DE MONNAIES D'OUTREMER.

Formant la première partie de la Collection Dr. O. THÖNE,
Directeur du Gymnase à Hanovre.

MONNAIES DES PROVINCES-UNIES DES PAYS-BAS ;
DE LA RÉPUBLIQUE BATAVE, DU ROYAUME
DE HOLLANDE ET DES PAYS-BAS,
DE BRABANT, FLANDRE, HAINAUT, ETC.

Formant la Collection de Feu M. C... B..... d'Utrecht.

LA VENTE aura lieu dans la salle au premier de
L'HôTEL KRASNAPOLSKY,
Warmoesstraat 175—183, AMSTERDAM,
sous la Direction de
l'Expert J. SCHULMAN à Amersfoort.

EXPOSITION : LUNDI le 17 SEPTEMBRE de 10 à 4 heures.

Commencement de la Vente:

LUNDI le 17 SEPTEMBRE, le soir à 7 heures précises.

On suivra la Numération du Catalogue.

N.B. La deuxième partie de la Collection THÖNE (Catalogue
des Médailles) est sous presse. La vente de cette partie aura
lieu **les mêmes jours.**

Conditions de la Vente.

La vente aura lieu au comptant en Florins et cents des Pays-Bas.

Les acquéreurs payeront 10%, ensus des enchères, comme cela est de coutume en Hollande.

L'expert se charge gratuitement des ordres qu'on voudra bien lui confier.

La conservation des pièces est *rigoureusement* indiquée par *F.d.c.* = **fleur de coin**, *t.b.c.* = **très bien conservé**, *b.c.* = **bien conservé** et *a.b.c.* = **assez bien conservé.**

Toutes les pièces sans mention du métal sont en argent.

Dans le cas où une contestation s'élèverait sur deux enchères, la pièce sera remise immédiatement en vente.

Après l'adjudication aucune réclamation ne sera admise, de quelque chef que ce soit.

Ordre de la Vente.

On suivra la numération des catalogues.

Commencement de chaque séance.

Le soir à 7 heures précises.

Le matin à 10¹/₂ heures précises.

N.B. **Sous presse** La deuxième partie de la collection Dr. O. Thöne (Catalogue des médailles) **dont la vente aura lieu les mêmes jours. (17—20 Septembre 1900).**

Neuere Prägungen.

I.

(Vereins- und Doppelthaler, Doppelgulden.)

Schw. = Schwalbach.

1 **Anhalt-Bernburg.** Alexander Carl. 1834. *Ausbeutethaler*, (de l'argent des mines). Schw. 1. S.g.e.
2 — 1845. *Doppelthaler*. Schw. 2. S.g.e.
3 — 1846. *Ausbeutethaler* mit gekrönter Bär auf Mauer. Schw. 3. S g.e.
4 — 1852. Desgl. Schw. 3. Schön.
5 — 1855 Desgl. Schw. 3. S g.e.
6 — 1861. Desgl. Schw. 4. S.g.e.
7 — 1862. Desgl. Schw. 4. Schön.
8 — 1859. *Thaler*. Schw. 5. G e.
9 **Anhalt-Dessau.** Leopold Friedrich. 1846. *Doppelthaler*. Schw. 7. Schön.
10 — 1858. *Thaler*. Schw. 8. S.g.e.
11 — 1863 *Thaler. a. d. Vereinigung.* Schw. 9. Schön.
12 — 1866 *Thaler*. Schw. 10. S.g.e.
13 — 1869. Desgl. Schw. 10. S.g.e.
14 **Baden.** Leopold. 1841. *Doppelthaler*. Schw. 11. Stglz. von polirt. Platte.
15 — 1842. *Doppelthaler*. Schw. 11. S.g e.
16 — 1844. Desgl. *mit Carl. Fredrichs-Denkmal.* Schw. 12. G.e.
17 — 1847. Desgl. Schw. 13. S.g.e.
18 — 1852. Desgl. Schw. 13. S.g.e.
19 — 1849. *Doppelgulden.* Schw. 14. Schön.
20 — 1852. Desgl. Schw. 14. S.g.e.
21 — **Friedrich** *Grossherzog*. 1858. *Thaler*. Schw. 17. Schön.
22 — 1859 Desgl. Schw. 17. G.e.
23 — 1863. Desgl. Schw. 17. G.e.
24 — 1864. Desgl. Schw 17. G.e.
25 — 1865. Desgl. Schw. 17. S.g.e.
26 — 1868. Desgl. Schw. 18. S.g.e.
27 **Bayern.** Ludwig I. 1841. *Doppelthaler*. Schw. 19. Vs. S.g.e. Rs. Schön.
28 — 1842. Desgl. Schw. 19. S.g.e.
29 — 1845. Desgl. Schw. 20. S.g.e.
30 — 1845. *Doppelgulden.* Schw. 21. Schön.

31   — 1837. *Doppelthaler. Münzvereinigung Südteutscher Staaten.* Schw. 22 mit Randschrift HALBER E. F. M. Vorzügl. erh.

32   — Desgl. aber HALB E F M. Schön.

33   — 1838. Desgl. *Eintheilung des Königreichs.* Schw. 23 mit HALB E. F. M. Stglz.

34   — 1839. Desgl. *Maximilien Denkmal.* Schw. 24. mit HALB E. F. M. Schön.

35   — Desgl. aber HALB E F M S.g.e.

36   - 1840. Desgl. *Standbild. A. Dürers errichet zu Nürnberg.* Schw. 25 mit HALB E. F. M. Stglz. v. pol. Platte.

37   — 1841. Desgl. *Standbild Jean Paul. Fr. Richters zu Bayreuth.* Schw. 26. mit HALB E. F. M. Stglz. v. pol. Platte.

38   — 1842. Desgl. *Die Walhalla bei Regensburg.* Schw. 27. mit HALB E. F. M. S.g.e.

39   — Desgl. aber HALB E F M S.g.e.

40   — Desgl. *Vermählung d. Kronprinzen.* Schw. 28 mit HALB E. F. M. Schön.

41   — Desgl. aber HALB E F M S.g.e.

42   — 1843. Desgl. *Hochschule zu Erlangen* mit HALB E F M Schw. 29. Stglz. v. polirt. Platte.

43   — 1844. Desgl. *Die Münchener Feldherrnhalle.* Schw. 30 mit HALB E F M. Stglz. v. pol Platte.

44   — 1845. Desgl. *Standbild v. Kreitmayr's.* Schw. 31. mit HALB E F M Stglz. Selten.

45   — 1845. Desgl. *Geburt d. beiden Prinzen.* Schw. 32. mit HALB E F M Stglz.

46   — 1846. Desgl. *Ludwigscanal.* Schw. 33. mit HALB E F M Stglz.

47   — 1847. Desgl. *Standbild v. Mespelbrunn's zu Würzbürg.* Schw. 34. mit HALB E F M Schön.

48   — **Maximilian** II. 1851. *Doppelthaler.* Schw. 36. S.g.e.

49   — 1853. Desgl. Schw. 36. S g.e. fast schön.

50   - 1856. Desgl. Schw. 36. S.g.e.

51   — 1849. *Doppelgulden.* Schw. 37. S.g.e.

52   — 1850. *Doppelgulden.* Schw. 37. Schön.

53   — 1854. *Doppelthaler. Industrie-Austellung zu München.* Schw. 41. Schön.

54   — 1855. *Doppelgulden. Wiederherstellung der Mariensäule.* Schw. 42. Stglz. v. pol. Platte.

55   — 1855. Desgl. Vorz.

56   — 1859. *Thaler.* Schw. 44. S.g.e.

57   — 1861. Desgl. Schw. 44. S g.e.

58   — 1862. Desgl. Schw. 44. S.g.e.

59   — 1863. Desgl. Schw. 44. S.g.e.

60   — **Ludwig** II. 1864. *Thaler.* Schw. 47. S.g.e.

61   — 1865. Desgl. Schw. 47. S.g.e.

62   — o. J. *Marienthaler.* Schw. 49. S.g.e.

63   — 1866. Desgl. Schw. 50. Schön.

64   — 1867. Desgl. Schw. 50. S.g.e.

65 — 1869. Desgl. Schw. 50. Schön.

66 — 1870. Desgl. Schw. 50. Schön.

67 — 1871. Desgl. Schw. 50. Schön.

68 — 1870. Desgl Schw. 51. S.g.e.

69 — 1871. Desgl. Schw. 53. S.g.e.

70 — 1871. *Siegesthaler.* „*Durch Kampf und Sieg zum Frieden* — *Friedens- schluss zu Frankfurt a/M. 10 Mai 1871.* Schw. 54. Schön.

71 **Braunschweig. Wilhelm.** 1837. *Thaler.* Schw. 57. Z.e.

72 — 1838. Desgl. Schw. 57. G.e.

73 — 1840. Desgl. Schw. 58. G.e.

74 — 1841. Desgl. Schw. 58. G.e.

75 — 1842. Desgl. Schw. 58. S.g e.

76 -- 1842. *Doppelthaler.* Schw. 59 aber am Halsabschnitt. FRITZ F. S.g e.

77 — 1843. Desgl. Schw. 59. S.g.e.

78 -- 1854 Desgl. Schw. 61. Z e.

79 — 1855. Desgl. Schw. 61. Schön

80 — 1854. *Thaler.* Schw. 63. S.g.e.

81 — 1856. *Doppelthaler. a. d. 25 Jähr. Regierungs-Jubiläum.* Schw. 64 Vorzügl

82 — 1859. *Thaler.* Schw. 65. G.e.

83 — 1866. Desgl. Schw. 65. S.g.e.

84 — 1866. Desgl. mit corrigirter Jahrzal (6 auf 5). S.g.e.

85 -- 1867. Desgl. Schw. 65. S.g.e.

86 — 1870. Desgl. Schw. 65. S.g.e.

87 — 1871. Desgl. Schw. 65. S.g.e.

88 **Bremen.** 1863. *Thaler.* zur *50 jährigen Jubelfeier der Befreiung Deutsch- lands.* Schw. 66. Schön.

89 — 1864. *Thaler. a. d. neue Börse.* Schw. 67. *Gott segne Handel u. Schiffahrt.* Vorzügl.

90 — 1865. *Thaler. a. d. II. Deutsche Bundes = Schiessen.* Schw. 68. Stglz.

91 — 1871. *Friedensthaler.* Schw. 69. Stglz.

92 **Frankfürt a/M.** 1840. *Doppelthaler a. d. Eröffnung d. neuen Münze.* Schw. 70 Stglz. v. pol. Platte. *Selten.*

93 — 1841. *Doppelthaler.* Adler und Werth. Schw. 71. S.g.e.

94 — 1842. Desgl. Schw. 71. G.e.

95 — 1854. Desgl. Schw. 71. S g.e.

96 — 1841. *Doppelthaler.* Stadansicht. Schw. 72. S.g.e.

97 — 1843. Desgl. Schw. 72. S.g e.

98 — 1844. Desgl. Schw. 72. S g.e.

99 — 1848. *Doppelgulden. a. d. Gründung d. deutschen Parlamentes.* Schw. 74. Schön.

100 -- 1848. Desgl. *Erzherzog Johann Reichsverweser.* Schw. 75. Schön

101 — 1849. Desgl. a. *Goethe's 100 jähr. Geburtsfeier.* Schw. 77 Stglz.

102 — 1855. Desgl. a. d III. *Säcularfeier d. Religionsfriedens.* Schw. 78. S.g.e.

103 — 1857. *Thaler. mit d. Eschenheimer Thurmspitzen* Schw. 79. G.e.

104 — 1858. Desgl. Schw. 79. S.g.e.

105 — 1859. *Thaler. a. Schillers 100 jähr. geburtsfeier.* Schw. 80. Schön.

106 — 1859. *Thaler*. Brustbild. Schw. 81. S.g.e.

107 — 1860. Desgl. Schw. 81. S.g.e.

108 — 1862. Desgl. Schw. 82. S g.e.

109 — 1865. Desgl. Schw. 82. S.g.e.

110 — 1860. *Doppelthaler*. Brustbild. Schw. 83. S.g.e.

111 — 1861. Desgl. Schw. 83. Schön.

112 — 1862. Desgl Schw. 83. G.e.

113 — 1862. *Thaler. a. d. I. deutsche Bundesschiessen.* Schw. 84. Schön.

114 — 1863. Desgl. a. d. *Fürstentag.* Schw. 85. Vorzügl.

115 **Hannover. Wilhelm** IV. 1834. *Thaler.* Schw. 86. G.e.

116 — 1835. *Feinsilberthaler.* Schw. 87. G.e.

117 — 1835. Desgl. Schw. 88. Z.e.

118 — 1836. Desgl. Schw. 88. Schôn.

119 — 1837. Desgl. Schw. 88 Schön.

120 — **Ernst August.** 1838. *Feinsilberthaler.* Schw. 90. Z.e.

121 — 1838. Desgl. Schw. 92. S.g.e.

122 — 1839. Desgl Schw. 92 Schön.

123 — 1840 Desgl. Schw. 92. S g.e.

124 — 1839. Desgl. „*Glückauf Clausthal*". Schw. 93. Schön und *Selten.*

125 — 1840. *Thaler.* Schw. 96. G.e.

126 — 1841. Desgl Schw. 96. Z e.

127 — 1840. Desgl. Schw. 97. G.e.

128 — 1841. Desgl. Schw. 98. G.e

129 — 1843. Desgl. Schw. 99. S.g.e.

130 — 1844. Desgl. Schw. 99. G.e.

131 — 1845. Desgl. Schw. 99. S.g.e.

132 — 1846. Desgl. Schw. 99. G.e.

133 — 1847. Desgl. Schw. 99. Vorzüglich.

134 — 1843. *Thaler a. d. Vermählung d. Kronprinzen Georg und Maria Herzogin v. S. Altenburg.* Schw. 100. Schön. *Selten.*

135 — 1845. *Thaler* mit B. u. d. Kopf. Schw. 101. S.g.e.

136 — 1848. *Thaler* ohne d. Turnierkragen. Schw. 102. S g.e.

137 — 1848. *Thaler* (von Bhremer.) Schw. 103. S.g.e.

138 — 1849. Desgl. Schw. 103 S.g.e.

139 — 1849. *Ausbeute-Thaler.* „*Harz Segen,*" Schw. 104. S.g.e.

140 — 1850. *Ausbeute-Thaler.* „*Bergsegen des Harzes*". Schw. 105. S.g.e.

141 — 1851. Desgl. Sch. 105. S.g.e.

142 — **Georg V.** 1852. *Ausbeutethaler.* Schw. 106. S.g.e.

143 — 1853. Desgl. Schw. 106. S.g.e.

144 — 1854. Desgl. Schw. 106. S.g.e.

145 — 1855. Desgl. Schw. 106. Schön.

146 — 1856. Desgl. Schw. 106 S.g.e

147 — 1854. *Doppelthaler a. d. Münzbesuch in Hannover.* Vs. Kopf v. l. s. Rs. Eichen- und Lorbeerzweig. In der Mitte MARIE | GEORG | darum im Kreise ERNST AUGUST FRIEDERIKE MARIE unten HANNOVER AM 8. MAI 1854. Schw. 108. Allerfeinst. *Sehr Selten.*
Siehe Abbildung.

148 — 1854. *Doppelthaler*. Schw. 109. Schön.

149 — 1855. Desgl. Schw. 109. S.g.e.

150 — 1857. *Thaler*. Schw. 110. S.g.e.

151 — 1858. Desgl. Schw. 110. S.g.e.

152 — 1859 Desgl. Schw. 110. Schön.

153 — 1860. Desgl. Schw. 110. G.e.

154 — 1861. Desgl. Schw. 110. Stglz.

155 — 1862. Desgl. Schw. 110. S.g.e.

156 — 1863. Desgl. Schw. 110 Stglz.

157 — 1864. Desgl. Schw. 110. Schön.

158 — 1865. Desgl. Schw. 110. Stglz.

159 — 1866. Desgl. Schw. 110. Schön.

160 — 1862. *Doppelthaler*. Schw. 111. S.g e.

161 — 1866. Desgl. Schw. 111. Schön.

162 — 1865. *Waterloo-Thaler*. „*Den Siegern bei Waterloo gewidmet*". Schw. 112. Stglz.

163 — 1865. *Thaler. a. d. Vereinigung Ost-Frieslands*. Schw. 113. Schön.

164 — 1865. *Thaler* a. denselb. Anlass. *Mit dem Upstalsboom*. Schw. 114. Stglz.

165 **Hannover** (Stadt) 1872. *Schützenfest-Thaler*. IV. Deutsches Bundesschiessen. Schw. 115 Schön.

166 **Hessen-Darmstadt. Ludwig** II. 1840. *Doppelthaler*. Schw. 116. S.g e.

167 — 1841. Desgl. Schw. 116. S.g.e.

168 — 1844. Desgl. Schw. 117. G.e.

169 — **Ludwig** III. 1854. *Doppelthaler*. Schw. 120. S.g.e. *Selten*.

169a. — 1858. *Thaler*. Schw. 122. G.e

169b. — 1862. Desgl. Schw. 122. G e.

170 **Hessen-Cassel. Wilhelm** II und **Friedrich Wilhelm** 1832. *Thaler*. Schw. 123. G. e.

171 — 1833. Desgl. Schw. 123. G.e.

172 — 1836 Desgl. Schw. 123. G.e.

173 — 1837. Desgl. Schw 123. G e

174 — 1842 Desgl. Schw. 123. G.e.

175 — 1840. *Doppelthaler*. Schw. 124. G.e.

176 — 1844. Desgl. Schw. 124. S.g.e.

177 — **Friedrich Wilhelm** 1854. *Doppelthaler*. Schw. 126. S.g.e.

178 — 1855 Desgl. Schw. 126. S.g.e.

179 — 1855. *Doppelthaler*. Schw. 127. S g.e.

180 — 1855. *Thaler*. Schw. 128. S.g.e.

181 — 1858 Desgl. Schw. 129 S.g.e.

182 — 1862 Desgl. Schw. 129. G.e.

183 — 1861. Desgl. Schw. 130. G.e.

184 — 1862. Desgl. Schw. 130. G.e.

185 — 1865. Desgl. Schw. 130 G.e.

186 **Hessen-Homburg. Ferdinand** 1858 *Thaler*. Schw. 132. G.e.

187 — 1860. Desgl. Schw. 132. Z.e.

188 — 1862. Desgl. Schw. 132. G.e.

Hohenzollern, Liechtenstein, Lippe, Mecklenburg, Nassau, Oesterreich, Oldenburg, Preussen.

189 — 1863. Desgl. Schw. 132. S.g.e.

190 **Hohenzollern Hechingen.** Friedrich Wilhelm Constantin 1844. *Doppelthaler.* Schw. 133. G.e. *Selten.*

191 **Hohenzollern-Sigmaringen.** Carl. 1844. *Doppelthaler.* Schw. 136 mit *Sternchen im Randschrift* S g.e. *Selten.*

192 **Liechtenstein.** Johann II. 1862. *Thaler.* Schw. 140 S.g.e. *Selten.*

193 **Lippe-Detmold.** Paul. Alex. Leopold. 1843. *Doppelthaler.* Schw. 141 S.g.e.

194 — Paul. Friedr. Emil. Leopold. 1860. *Thaler.* Schw. 142. S.g.e.

195 — 1866 Desgl. Schw. 142. S.g.e.

196 **Lippe-Schaumburg.** Georg Wilhelm 1857 *Doppelthaler* a. s. *50-jähr. Regierungs-Jubiläum.* Schw. 143. Stglz. v. pol. Platte.

197 — 1860. *Thaler.* Randschr.: Wiener Münzvertrag. 24 Jan. 1857. Schw. 144. G.e.

198 — Adolf Georg 1865. *Thaler.* Schw. 145. Stglz v. polirt. Platte.

199 **Mecklenburg-Schwerin.** Friedrich Franz II 1848. *Thaler.* Schw. 146 S.g.e.

200 — 1864. Desgl. Schw. 147. S.g.e.

201 — 1867. *Thaler a. d. 25-jähr. Regierungs Jubiläum.* Schw. 148. S g.e.

202 **Mecklenburg-Strelitz.** Friedrich Wilhelm. 1870. *Thaler.* Schw. 149. S.g.e.

203 **Nassau.** Adolph. 1844. *Doppelthaler* (von Zollmann). Schw. 151. S g.e. *Selten.*

204 — 1859. *Thaler.* Schw. 154. S.g.e.

205 — 1860. Desgl. Schw. 154. S.g.e.

206 — 1860. *Doppelthaler.* Schw. 155. G.e.

207 — 1863. *Thaler.* Schw. 156. S g e.

208 — 1864. *Thaler a. d. 25-jähr. Regierungs Jubiläum.* Schw. 157. S.g.e.

209 **Oesterreich** Franz Joseph 1857 *Doppelthaler a. d. Eröffnung der Südbahn. „Vollendung der Oesterreichischen Südbahn 1857."* Innerh. e Kreises ein Leuchtthurm rechts ein Locomotive, links Dampfschiff. Schw. 159. Stglz. v. polirt. Platte. *Selten.*

210 — 1857. *Thaler.* mit E Schw. 162. G.e.

211 — 1858 *Thaler* mit A. Schw. 160. S.g.e.

212 — 1865 Desgl. Schw. 160. Schön.

213 — 1858 Desgl. mit B. Schw. 161. S.g.e.

214 — 1859. Desgl. mit M. Schw. 163. G.e.

215 — 1861. Desgl. mit V. Schw. 164. G.e.

216 — 1865 *Doppelthaler.* Schw. 167. Stglz

217 — 1866. Desgl. Schw. 168. Schön.

218 — 1867. Desgl. Schw. 168. Schön.

219 — 1879. *Doppelgulden a. d. 25-jähr. Hochzeits-Jubiläum.* Schw, 174. Vorz.

220 **Oldenburg.** Paul Friedrich August. 1840. *Doppelthaler.* Schw. 176. S.g.e.

221 — 1846. *Thaler.* Schw. 177. Schön.

222 — Nicolaus Friedr. Peter. 1858. *Thaler.* Schw. 178 G e.

223 — 1860. Desgl. Schw. 178. G.e.

224 — 1866. Desgl. Schw. 178. Stglz.

225 **Preussen.** Friedrich Wilhelm III. 1823. *Thaler.* Schw. 180. S.g.e.

226 — 1824. Desgl. Schw. 180 Schön.

227 — 1826. Desgl. Schw. 180. G.e.
228 — 1829. Desgl. Schw. 184. S.g e.
229 — 1829. *Ausbeutethaler.* Schw. 186. G.e.
230 - 1830. Desgl. Schw. 186. S.g.e.
231 — 1831. Desgl. Schw. 186. S.g e.
232 — 1833. *Thaler.* Schw. 187. S.g.e.
233 — 1832. *Ausbeutethaler.* Schw. 188. S.g.e.
234 — 1839. Desgl. Schw. 188. S.g.e.
235 — 1839. *Doppelthaler.* Schw. 190. Schön.
236 — 1840. Desgl. Schw. 190. Schön. und S.g.e. 2 St.
237 — **Friedrich Wilhelm** IV. 1841. *Doppelthaler.* Schw. 191. S.g.e.
238 — 1842. Desgl. Schw. 191. S.g.e.
239 — 1841. *Thaler.* Schw. 192 S.g.e.
240 — 1845. *Ausbeutethaler.* Schw 193. G.e.
241 — 1844. *Doppelthaler.* Schw. 194. S.g.e.
242 — 1846. Desgl. Schw. 194. S g.e.
243 — 1850. Desgl. Schw. 194. Schön.
244 — 1851. Desgl. Schw. 194. Schön.
245 — 1847. *Thaler.* Schw. 196 S.g.e.
246 — 1847. *Ausbeutethaler.* Schw. 197. G.e.
247 — 1851. Desgl. Schw. 197. S g.e.
248 — 1855. *Doppelthaler.* Schw. 198. Schön.
249 — 1856. Desgl. Schw. 198. Schön.
250 — 1854. *Thaler.* Schw. 199. Schön.
251 — 1855. Desgl. Schw. 199. S.g e.
252 — 1856. Desgl. Schw. 199. Schön.
253 — 1854. *Ausbeutethaler.* Schw. 200. S.g e.
254 — 1855. Desgl. Schw. 200. S.g.e.
255 — 1860. *Thaler.* Schw. 202. S.g e
256 — 1861. *Sterbethaler.* Schw. 202. Stglz. v. pol. Platte. *Selten.*
257 — 1858. *Ausbeutethaler.* Schw. 203. S.g.e
258 — 1859. Desgl. Schw. 203. S.g.e.
259 — 1860. Desgl. Schw. 203. G.e.
260 — **Wilhelm I. und Augusta.** 1861. *Krönungsthaler.* Schw. 204. Stglz.
261 — **Wilhelm I.** 1862. *Doppelthaler.* Schw. 205. Schön. *Selten.*
262 — 1861. *Thaler.* Schw. 206. Schön.
263 — 1862. Desgl. Schw. 206. Schön.
264 — 1861. *Ausbeutethaler.* Schw. 207. S.g.e.
265 — 1862. Desgl. Schw. 207. G.e.
266 — 1868. *Doppelthaler.* Schw. 208 Stglz. v. pol. Platte.
267 — 1866. *Thaler.* Schw. 209. S.g.e
268 — 1867. Desgl. Schw. 209. Schön.
269 — 1866. Sogen. *Siegesthaler.* Schw. 210. Schön.
270 — 1867. *Doppelthaler.* Schw. 212. Schön.
271 — 1871. *Siegesthaler.* Schw. 214. Schön.

272 **Reuss-Greiz. Heinrich XX.** 1844. *Doppelthaler.* Schw. 215. Schön.

273 — 1858. *Thaler.* Schw. 216. S.g e.

274 — **Heinrich XXII.** 1868. *Thaler.* Schw. 217. Stglz.

275 **Reuss-Schleiz. Heinrich XLII.** 1844. *Doppelthaler.* Schw. 218. S g.e.

276 — 1846. Desgl. Schw. 218. Schön. *Selten.*

277 — 1854. Desgl. Schw. 218. Schön. *Selten.*

278 — **Heinrich LXVII.** 1858. *Thaler.* Schw. 220. S.g.e.

279 — 1862 Desgl. Schw. 220. G.e.

280 — **Heinrich XIV.** 1868. *Thaler.* Schw. 221. S.g.e.

281 **Reuss-Ebersdorf. Heinrich LXXII.** 1840. *Doppelthaler.* Schw. 222. S.g.e. Selten.

282 — 1857. *Doppelthaler a. d. 25 jähr. Regierungs-Jubiläum.* Schw. 223. Vorzüglich. *Selten.*
        Siehe Abbildung.

283 **Sachsen. Friedrich August II.** 1839. *Doppelthaler.* Schw. 224. S g.e.

284 — 1841. *Thaler.* Schw. 225. S g.e.

285 — 1844. *Thaler.* mit Punkt nach G. Schw. 230. G.e. *Selten.*

286 — 1849. *Doppelthaler.* Schw. 231. S.g.e.

287 — 1852. Desgl. Schw. 231 G.e.

288 — 1854. Desgl. Schw. 231. S.g.e.

289 — 1848. *Thaler.* Schw. 232. Schön.

290 — 1851. Desgl. Schw. 234. S.g e.

291 — 1852. Desgl. Schw. 234. S.g.e

292 — 1854. *Doppelthaler a. s Tod.* Schw. 236. Schön.

293 — 1854. *Sterbethaler.* Schw. 237. Schön.

294 — 1854. *Sterbethaler* mit Randschrift „*Segen des Bergbaus.*" Schw. 238. S g.e.

295 — **Johann.** 1854. *Thaler.* Schw. 239. G e.

296 — 1854. *Ausbeutethaler* „*Segen des Bergbaus*". Schw. 240. S.g.e.

297 — 1855. *Thaler a. d. Besuch. d. Münze „Gepraegt in Gegenwart S. M. des Koenigs. Dresden. D. 24 April 1855."* Schw. 241. S g.e.

298 — 1855. *Doppelthaler.* Schw. 242. S.g.e.

299 — 1857 Desgl. Schw. 246. S g.e.

300 — 1858. *Doppelthaler* mit gewölbtem Schild. Schw. 249 Schön.

301 — 1859. Desgl. mit gewölbtem Schild. Schw. 249. Schön.

302 — 1858. *Thaler.* Schw. 252. G.e.

303 — 1859. Desgl. Schw. 252. Schön.

304 — 1858. *Ausbeutethaler.* Schw. 253. G.e.

305 — 1859. Desgl. Schw. 253. G e.

306 — 1860. Desgl. Schw. 254. S.g.e.

307 — 1860 *Thaler.* Schw. 255. S.g.e.

308 — 1861. *Doppelthaler.* Schw. 257 Schön.

309 — 1863. *Thaler.* Schw. 259. Schön.

310 — 1867. *Thaler.* m. VERRINSTHALER. Schw. 260. S.g.e.

311 — 1862. *Ausbeutethaler.* mit BERGBAUES. Schw. 261. S.g e

312 — 1864. Desgl. Schw. 261. G.e.

313 — 1865. Desgl. Schw. 261. S g.e.

314 — 1868. *Ausbeutethaler.* Schw. 262. S.g.e.

315 — 1871. Desgl. Schw. 262. G.e.

316 — 1871. *Siegesthaler.* Geflügelter Genius zu Pferde. Sch. 263. Sehr schön.

317 — **Johann und Amalie.** 1872. *Doppelthaler a. i. gold. Hochzeit.* Brustb. v. r. S. Schw. 264. Sehr schön.

318 **Sachsen-Altenburg.** Joseph 1841. *Doppelthaler* Schw. 265. S.g.e. *Selten.*

319 — 1841. *Thaler.* Schw. 266. G.e.

320 — **Ernst.** 1858. *Thaler.* Schw. 269. S g.e.

321 — 1864. Desgl. Schw. 270. S.g.e.

322 -- 1869. Desgl. Schw. 270. S.g.e.

323 **Sachsen-Coburg-Gotha. Ernst I** 1841. *Thaler* Schw. 272. Z.e.

324 — **Ernst II.** 1846. *Thaler.* Schw. 273. S.g.e.

325 — 1848. Desgl. Schw. 275. S.g.e.

326 — 1862. *Thaler.* Schw. 278 mit ERNST HERZOG V. SACHSEN S.g.e.

327 — 1864. Desgl. Schw. 278. S.g.e.

328 — 1870. Desgl. Schw. 278. S.g.e.

329 — 1869. *Thaler a.s. 25jähr. Regierungs-Jubilaüm.* Schw. 279. G.e.

330 **Sachsen-Meiningen. Bernhard** 1846. *Doppelthaler.* Schw. 281. S.g.e.

331 — 1859. *Thaler.* Schw. 284. G.e.

332 — 1862. Desgl. Schw. 284. S.g.e.

333 — 1866. Desgl. Schw. 284. G.e.

334 — 1866. Desgl. mit corrigirter Jahrzahl 6 auf 5. Schw. 284. G.e.

335 -- **Georg** 1867. *Thaler.* Schw. 285. G.e.

336 **Sachsen-Weimar. Carl Friedrich** 1848. *Doppelthaler.* Sch. 286. S.g.e.

337 — 1841. *Thaler.* Schw. 287 mit GROSSHERZOG Z . SACHSEN W . E. G.e.

338 — **Carl Alexander** 1855. *Doppelthaler.* Schw. 288. S.g.e.

339 — 1858. *Thaler.* Schw. 289. S.g.e.

340 — 1866. Desgl. Schw. 289. S.g.e.

341 — 1870. Desgl. Schw. 289. S.g.e.

342 **Schwarzburg-Rudolstadt. Friedrich Günther.** 1841. *Doppelthaler.* Schw. 290. S.g.e.

343 -- 1859. *Thaler.* Schw. 292. G.e.

344 — 1862. Desgl. Schw. 293. G.e.

345 — 1863. Desgl. Schw. 293. G.e.

346 -- 1864. *Thaler a.d. 50jähr. Regierungs-Jubiläum.* Schw. 294. Schön.

347 — **Albert** 1867. *Thaler.* Schw. 296. G.e.

348 **Schwarzburg-Sondershausen. Günther Friedr. Carl II.** 1854. *Doppelthaler* Schw. 297. S.g.e.

349 — 1859. *Thaler.* Schw. 298. G.e.

350 — 1865. Desgl. Schw. 298. G.e.

351 — 1870. Desgl. Schw. 298. G.e.

352 **Waldeck. Georg Heinrich** 1842. *Doppelthaler* GEORG HEINRICH FüRST ZU WALDECK U. PYRMONT. Gekr. Hermelinmantel mit Wappenschild. Schw. 299. Vorzüglich. *Selten.*

353 — **Emma.** Vormünderin i. Sohnes. Georg Victor. 1847. *Doppelthaler* EMMA FüRSTIN REGENT V. VORMüND . ZU WALDECK U . P . Schw. 300 Stglz. v. polirt. Platte. *Sehr selten.* Siehe Abbildung.

354 — **Georg Victor** 1856. *Doppelthaler*. Schw. 301. Schön. *Selten*.

355 — 1859. *Thaler*. Schw. 302. Schön.

356 — 1867. Desgl. Schw. 302. Schön.

357 **Wien.** 1868. *Schützenfest-Thaler* „*III Deutsches Bundesschiessen Wien 1868*" Schw. 303. Schön.

358 **Württemberg. Wilhelm** 1843. *Doppelthaler*. Schw. 305. S.g.e.

359 — 1846. *Doppelthaler* a. d. Vermählung d. Kronprinzen **Carl** und **Olga Grosfürstin v. Russland.** Schw. 306. Stglz.

360 — 1860. *Thaler*. Schw. 308. S.g.e.

361 — 1862. Desgl. Schw. 308. G.e.

362 — **Karl** 1865. *Thaler*. Schw. 309. S.g.e.

363 — 1865. Desgl. mit herabhängend. Geweih. Schw. 309a. G.e.

364 — 1867. *Thaler*. Schw. 309 S.g.e.

365 — 1869. *Doppelthaler* a. d. Wiederherstellung d. Münster z. Ulm. Schw. 310. Schön.

366 — 1871. Desgl. Schw. 310. Stglz. v. pol. Platte.

367 — 1871. *Siegesthaler*. Schw. 311. S.g.e.

II.

(Conventions- Kronen- und Geschichtsthaler. u.s.w.)

---

368 **Baden. Carl Ludwig Friedrich.** 1816. *Kronen-thaler*. Wapp. u. Werth. Schulth. 5505. S.g.e.

369 — **Ludwig.** 1829. *Thaler* zu 100 Kreuzer. Kopf u. Wapp. Sch. 5509. Z e

370 — **Leopold.** 1833. *Kronenthaler*. Kopf u. Wapp. Sch. 5510. S.g.e.

371 — 1836. *Kronenthaler*. Kopf. u. „*Zu ihrer Völker Heil*" im Wappenkreise. Sch. 5514. Stglz. v. pol. Platte.

372 **Bayern. Max Joseph.** 1807. *Conventionsthaler*. Brustb. u. Wapp. Sch. 628. Schön.

373 — 1813. *Kron-Thaler*. Kopf. Rs. Krone über Schwert u. Scepter. Sch. 630. S.g.e.

374 — **Ludwig I.** 1825. *Conventionsthaler*. Kopf. v. r. S. Rs. *Regierungsantritt*. Schulth. 632. S g.e.

375 — 1826. Desgl. Rs. Köpfe. *Reichenbach's u. Fraunhofer's*. Sch. 635 S.g.e.

376 — 1827. Desgl. a. d. *Stiftung. d. Theresienordens*. Schulth. 637. S.g.e.

377 — 1827. Desgl. a. d. *Stiftnng d. Ludwigordens*. Sch. 636. S.g.e.

378 — 1828. Desgl. *Segen des Himmels*. Rs. Medaillon mit Brustb. Königin Therese, umgeben von acht Medaillons mit den Brustb. ihrer Kinder. Schulth 639. Schön.

379 — 1828. Desgl. *Verfassungssäule*. Schulth. 640. S.g.e.

380 — 1829. Desgl. *Handelsvertrag mit Preussen, Württemberg, Hessen.* Schulth. 641. Schön.

381 — 1830. Desgl. *Bayerens Treuc.* Sch. 642. S.g.e.

382 — 1832. Desgl. *Otto, Griechenland's I König.* Sch. 644. Schön.

383 — 1832. *Kron-Thaler.* Kopf. Rs. Krone Gerecht und Beharrlich. Sch. 633. S.g.e.

384 — 1833. *Conventionsthaler. Denkmal der 30.000 Bayern welche im Russischen Kriege den Tod fanden.* Sch. 646. Stglz. v. pol. Platte.

385 — 1834. Desgl. *Denkmal zu Oberwittelsbach.* S.g.e.

386 — 1834. *Kron-Thaler.* Kopf u. Krone. Schön.

387 — 1835. *Conventionsthaler Errichtung. d. Hypotheken Bank.* Schulth. 649. S.g.e.

388 — 1835. Desgl. Rs. *Maximilian Denkmal* Schulth. 650. Schön.

389 — 1835. Desgl. *Erste Eisenbahn in Teutschland mit Dampfwagen von Nürnberg nach Fürht.* Schulth. 651. Stglz. v. pol. Platte.

390 — 1835. Desgl. *Zollverein mit Baden.* Sch. 652. Vorz.

391 — 1835. Desgl. *Benedict Lehranstalt.* Spielgelglz. etwas gerieben.

392 **Hannover George** IV. 1830. *Ausbeute-Thaler d. Grube Bergwerks-Wohlfahrt.* GEORG IV. KöNIG V. GROSSBRITAN. U. HANNOVER Lorb Brustb. unten FEINES SILBER. Rs. DES BERGWERKS WOHLFAHRT IST DES HARZES GLüCK — in des Mitte DIE GRUBE | BERGWERKS | WOHLFAHRT | BEI CLAUSTAHL | KAM IN AUBEUTE | 1830.⁻ | N EINE FEINE MARK. Knyph. 4123. Schön. und Selten.

393 **Hessen. Ludwig** I. 1825. *Kronenthaler.* Kopf. u. Wapp. Z.e.

394 — **Ludwig** II. 1833. Desgl. S.g.e.

395 **Nassau. Friedrich August.** 1813. *Conventionsthaler.* Kopf. u. Wapp. Isenb. 70. Schön.

396 **Oesterreich. Franz Joseph.** 1826. *Conventionsthaler.* Kopf. u. R-Adler. Münzz. C. zu Schulth. 539. S g.e.

397 — 1852. Desgl. Kopf. u. R-Adler. Schön.

398 — 1888. *Gedenk-Thaier d. Numismat. Gesellschaft a. d. Enthülling d. Maria Theresia-Monuments (von Scharff).* Brustb. v. Maria Theresia u. Schrift; m. Randschrift. Stglz v. pol. Platte.

399 **Sachsen. Friedrich August** I. 1808. *Conventionsthaler.* Brustb. u. Wapp. G.e.

400 — 1825. *Thaler.* Brustb. in Uniform. u. Wapp. G.e.

401 — **Anton.** 1828. *Conventionsthaler.* Sch. 1868. G.e.

402 — 1830. Desgl. S.g e.

403 — 1831. Desgl. Schön.

404 — 1836. Desgl. Wie Schulth 1868 aber mit G unter d. gekr. Wappen. S g.e.

405 — 1836. *Thaler* a. s Tod. Schulth. 1873. aber. Randschrift: GOTT ⚜ SEGNE ⚜ SACHSEN. Stglz. v. pol. Platte.

406 — **Anton u. Friedrich August** II 1831. *Constitut.-Thaler.* Beider Köpfe u. Verfassungrolle. Sch. 1872. v. polirt. Platte. Schön.

407 — **Friedrich August** II 1838. *Conv.-Thaler.* Sch. 1874. S.g.e.

408 **Württemberg. Friederich** I 1810. *Kronen-Thaler.* Kopf. u. Wapp. Schulth 2586 aber mit KOENIGZ. WURTTEMB. KRONEN THALER · * · G.e. (N rétrograde).

409 — **Wilhelm.** 1833. *Conventionsthaler* a. d. *Handelsfreiheit.* Schulth 2596. Schön.

Münzen unter Thalergrösse.

nach Schwalbach I.

410 **Anhalt-Bernburg**. 2½ *Silbergroschen*. 1856. Schw. 6; ⅙ *Thaler* 1856, 1861 u 1862. Schw. 9 u. 10. Schön. 4 Stück.

411 — 2½ *Silbergroschen*, 1861. ⅙ *Thaler*. 1856, 61, 62 Sch. 6, 9 u. 10. S.g.e. u. g.e. 5 St.

412 **Baden**. **Leopold**. 1840. ½ *gulden* u. 6 *kreuzer*. Schw. 18 u. 19. S.g.e. 2 St.

413 — **Friedrich**. **Grossherzog**. 1863. *Schützenfestgulden Mannheim*. Schw. 43. Schön.

414 — 1867. Desgl. *Karlsruhe*. Schw. 44. Vorz.

415 — 1868. *Gedenkkreuzer* **a**. d. *Verfassung*. Schw. 47. S.g.e.

416 — 1871. Desgl. a. d. *Friedensfeier*. Schw. 49. Schön.

417 — 1871. Desgl. *Friedensfeier in Karlsruhe*. Schw. 54. G.e.

418 **Bayern**. **Ludwig** I. 1838, 43 u. 44 *Gulden*. Schw. 56. 2 Schön. u S.g.e.

419 — **Maximilian** II. 1855. *Gulden*. Schw. 64. S.g.e.

420 *3 Kreuzer*. 1852. Schw. 67; *Kreuzer* 1850. 59, 63 (3 St.), 65, 66, 67, 71 Schw. 68. 73 u 80. Schön. 10 St.

421 — **Ludwig** II. 1865. ½ *gulden*, Schw. 77. Schön.

422 **Braunschweig**. **Wilhelm**. *Groschen*. 1857, 58. G.e. u. schön 2 St.

423 **Hannover**. **Ernst-August**. 1845. ⅙ *Thaler*. Schw. 108. G.e.

424 — 1/12 *Thaler*. 1840, 50, u. 51 (2 St.). Schw. 110 u. 113. Stglz. u. Schön. 4 St.

425 — 6 *Pfennig*. 1844 (3 St.) 46. 47 (3 St.) 4 *Pfennig*. **Wilhelm** IV. 1837. u. **Ernst-Aug**. 1842. Schw. 120, 123, 99 u 118. Meist. schön.

426 — **Georg** V. ⅙ *Thaler*. 1860, 62, 63 und 66 Schw. 145. Schön. 6 St.

427 — 1856. 1/24 *Thaler*. (2 St.). Schw. 136; *Groschen*. 1858 (2 St.), 64 u 66. Schw. 141. 6 *pfenninge*. 1853. Schw. 137. ½ *Groschen*. 1861 Schw. 142 Stgl Schön u S.g.e. 8 St.

428 **Hessen-Darmstadt**. **Ludwig** II. 1841. *Gulden*. Schw. 148. S.g.e.

429 — 1837. Desgl. Schw. 147. Schön.

430 **Hessen-Cassel**. **Wilhelm** II und **Friedrich Wilhelm** 1833. ⅙ *Thaler*. Schw. 179. aber *Randschrift nicht ausgeprägt*. Stglz; und 1844. ⅙ *Thaler*. Schw. 179. G.e. 2 St.

431 — **Friedrich Wilhelm**. 1853. *Silbergroschen*. Schw. 192. Stglz. u **Ludwig** II. 1843. (Grossherz. Hessen). 6 *kreuzer* 2 St. Schön.

432 **Mecklenburg-Schwerin**. **Paul Friedrich**. 1840. *Gulden*. Schw. 233. Vorz.

433 — 1/12 *Thaler*. 1848. G.e. 1/48 *Thaler*. 1848, 60, 63 u. 64. Schw. 242, 243, 244. Schön. 5 St.

434 **Nassau**. **Wilhelm**. 1838. *Gulden* u ½ *Gulden*. Schw. 272 u 273. Schön. 2 St.

435 — 1838. *Gulden*. Schw. 272. G.e.

436 — 1830. *Kupferkreuzer*; **Adolph**. 1842, 60, 61. Schw. 275, 280, 284. 4 St. S.g.e.

437 — **Adolf.** 1840. *Gulden.* Schw. 276. S.g.e.

438 **Oldenburg.** Paul Friedrich August. *Grote.* 1836. (6 St.) u 1850 (2 St.) 3 *Grote* 1840 (5 St.). 4 *Grote* 1840. Schw. 287, 295, 288 u 289. Stglz. schön. u S g.e.

439 — **Nicolaus Friedrich Peter.** 1856. 3 *Grote* (3 St) Schw. 298. Stglz; 1858. *Groschen,* u. ½ *Groschen.* (3 St.) Schw. 303 u. 304. Schön; 1858. 2½ *Groschen.* Schw. 305. G.e. 1866. *Groschen* Schw. 306. Schön.

440 **Preussen.** Friedr. Wilh. III. ⅙ *Thaler.* 1826. *Silbergroschen* 1825. (Düsseldorf). Schw. 320 u 323, ½ *Silbergroschen.* 1821 u 40. Schw. 324 u 325. **Friedr. Wilh.** IV. 1/12 *Thaler.* 1843. Schw. 342. *Silbergroschen.* 1843. (Düsseldorf) Schw. 344; ½ *Silbergroschen.* 1856. Schw. 345. **Wilhelm** 1/12 *Thaler.* 1863. Schw. 380. Desgl. 1872 u 73 (Frankfurt a/M). Schw. 382. *Silbergroschen* 1870. (2 St.) u 1872 (3 St.) Schw. 383; ½ *Silbergroschen* 1871 u 1872 (6 St.) Schw. 385. Desgl. 1867. 70 u 72 (2 St.) (Hannover). Schw. 387 Fast alle Stücke schön erhalten. 26 St.

441 **Sachsen.** Friedr. Aug. II. 1854. ½ *Sterbe-Thaler.* Schw. 438. Schön. u. S.g.e. 2 St.

442 — **Johann.** 1860. ⅓ *Thaler.* Schw. 451. S.g. u. 1873. 2 *Neugroschen.* Schw. 462. Schön.

447 1841. Desgl. **Goldabschlag zu 4** *Dukaten.* Kopf u. sitz. Württemberg. zw. Genien. Randschrift * VIER * DUCATEN * Schw. 577. Schön. Selten.

443 **Sachsen-Coburg-Gotha.** Ernst II. 1869. ⅙ *Thaler.* a. d. 25 jähr. Reg. Jub Schw. 511. Schön.

444 **Schwarzburg-Rudolstadt.** Friedr. Günther. 1846. *Gulden* Schw. 533. S.g.e.

445 **Waldeck.** Georg Heinrich. 1845. ⅙ *Thaler.* Schw. 560. S.g.e.

446 **Württemberg.** Wilhelm. 1841. *Gulden* a. d. 25 Jähr. Reg. Jubel. Schw. 577. Schön.

448 — 1841. *Gulden.* Schw. 568. S.g.e.

449 — 1861. ½ *Gulden.* Schw. 571. S.g.e.

450 6 *Kreuzer.* 1845, 3 *Kreuzer* 1842 (2 St.) u. 1854; **Karl.** 1871. *Kreuzer.* Schw. 578, 579, 587. Stglz.

451 **Bremen.** 1864. 36 *Grote.* Schw. 598. Stglz.

452 — 12 *Grote* 1841, 1859 u. 60. Schw. 591 u 599. 6 *Grote* 1857. Schw. 597 (2 Ex.). 1 *Grote* 1840. Schw. 593 (3 Ex.). S g.e. 8 St.

453 **Frankfurt a/M.** 1849 *Gulden* Schw. 608. Schön.

454 — 1861. *Gulden.* Schw. 616. Vorz.

455 — 6 *Kreuzer* 1842 (polirt. Platte). 1844. (2 St.), 56 (Stadtans) 3 *Kreuzer.* 1866. Schw. 603, 613 u 619. Stglz. u. *Kreuzer* 1842, 57 u. 59. Schw. 605, u 621. Stglz.

456 **Oesterreich.** Franz Joseph. 1858. *Gulden.* Schw. 642 Stglz.

457 — 1869. Desgl Schw. 647. Stglz.

458 — 1869 u. 1872. 10 *Kreuzer.* (2 St.) 1872. Schw. 689. Schön.

459 **Oesterreich-Ungarn.** Franz Joseph I. *Gulden.* 1871 u 1872. Schw. 694. Stglz. 2 St.

460 1890. *Gulden.* Schw. 696. Stglz.

Monnaies Etrangères. *)
par ordre alphabétique.
(Les monnaies sans indication du métal sont en argent).

---

461 **Aix-la-Chapelle**. 1420. *Gros.* Buste de Charlemagne avec globe et église au-dessus de l'écusson de la ville avec ΩΩΩΩ ⁝ ✳✳ b.c.

462 — *Même-pièce* avec ΩΩΩΩ ⁝ VΩΩ' b.c. 2 ps.

463 — 1570. *Demi Thaler* ✚ MO' * REGLE * SEDIS — VRBIS * AQVISGRANI. L'empereur assis entre 15—70 ; à ses pieds écusson de la ville. Rev. MAXIMI' * II' * ROMA' * CÆSAR * SEMP' * AVGV' Double aigle impérial. Av. b.c. Rev. t.b.c. *Rare.*

464 **Allemagne. Wilhelm I.** 1876. *Zwei Mark.* Buste et aigle imp. frappé sur flan bruni. Très beau.

465 — **Friedrich.** 1888. *Zwei Mark.* Buste et aigle imp. F.d.c.

466 — **Wilhelm II.** 1888. *10 Mark.* fr. sur flan. bruni. **Or.** F.d.c.

467 — 1888 et 91. *Zwei Mark.* Buste et aigle imp. F.d.c. 2 ps.

468 **Allemagne-Autriche. Ferdinand** *Archiduc.* S. d. *Thaler.* fr. pour **l'Alsace**. FERDINAND : D : G : ARCHIDVX : AVSTRIÆ . Buste à dr. Rev. Armoiries. . DVX . BV : — : LAND : A—LSA : COM — : PHIRT : Type de Eng. et Lehr pl. IV. n. 9. t.b.c.

469 — S. d. ½ *Thaler* fr. pour **l'Alsace**. FERDIN : D : G : ARC : AVSTRIÆ. Buste couronné à dr. R DVX — BVR . LA — ALS : CO : — FER . Type de Eng. et Lehr pl. III. 5. Beau.

470 — **Léopold** (V) *Archiduc.* 1621. *Tiroler Thaler.* avec AVSTRIÆ — M : ᵀᴵˢ et COM : TIROL : Cpz. Cat. Schulth. 4229. t.b.c.

471 — **Léopold I.** 1699. *Thaler.* Buste à dr. Rev. Armoiries. Schulth. Rechb. 397. t.b c.

472 — **Marie Thérèse.** 1764. *Gulden* Buste et double aigle impérial avec écusson b.c.

473 — 1766. *Thaler.* fr. à **Günzbourg** pour **Burgau**. Armoiries et légende. b.c.

474 — 1780. *Thaler.* fr. pour le **Levant**. Buste drapé à dr. dessous S. F. Rev. Double aigle avec armoiries. Schulth-Rechb. 402. Beau.

475 — *3 Kreuzer.* **Ferdin.** II. 1630. Buste et aigle imp. Marque mon. HR monogr. **Léopold I.** 1670. Buste et aigle. Marque mon : rosette. 1690 pour Tyrol. Buste et deux armoiries sous une couronne ; 1693. Buste et aigle. Marque mon: (M. M. W.) et **Autriche. François II.** 1802. 7 *Kreuzer.* 5 ps. Belles.

476 **Angleterre. Guillaume et Marie** 1689. *4 Pence.* Bustes accolés à dr. Rev. Valeur. **Guillaume III.** 1701. *3 Pence.* Buste et valeur t.b.c. et f.d.c. 2 ps.

477 — **James II.** 1688. *Two-Pence.* Buste et valeur. **George II.** *4 Pence,* 1737. *Two-Pence.* 1732, 1735. *Penny.* 1729. (2 st.) 1737. Buste et valeur. 7 ps. Belles.

---

*) Les monnaies d'Outremer, des anciennes provinces des Pays-Bas, du royaume de la Hollande et des Pays-Bas sont rangées séparément.

478 — **Georg** III. 1804. *Bank-Doller* of 5 Shillings. Buste lauré à dr. Rev. La Britannia assise. Fonrob. no. 20. t.b.c.

479 **Anhalt-Bernburg**. 1760 ¹/₁₂ *Thaler*, (4 ps.) 1827 ¹/₂₄ *Thaler*, (4 ps.). Ours sur muraille et valeur. b.c. 8 ps.

480 **Anhalt**. (Principauté). **Joh. Georg. Christ. Aug.** et **Rud. Ludwig**. 1618. *Groschen*. Armoiries et globe imp. t.b.c.

481 — **Christan** I; **August Johan**; **Ludwig Joh. Casimir** et **George Albert**. 1624. *Thaler*. MONETA . NOUA . ARGENTEA . A . 16 — Z4. Double aigle couronné ayent en coeur globe impér. avec Z4; accosté de E—I et dessous SER-VES Rev: . PRINC . ANHA . COMI . ASC . FRA . ET . PA . Armoiries heaumées. Madai 989. t.b.c. *Rare*.

482 — **Friedrich** 1876. *Zwei Mark*. Buste et aigle, impérial. t.b.c.

483 **Augsbourg**. 1641. *Thaler* au buste de **Ferdinand** III à dr. Rev. Vue de la ville. Beau.

484 — 1765 *Conventionsthaler* au buste à dr. de l'empereur **Francois** I. Rev. Armoiries de la ville . AVGVSTA VINDELICOR . AD NORM . CONVENT . 1765 * Reimm. 6326. Beau.

485 **Autriche**. **Joseph** II. *30 Kreuzer*. 1768; *20 Kreuzer*. **Marie Thérèse** 1771, **François** II. 1804; **François** I. 1810. et *20 Kreuzer*. 1809 de **Tirol**. 5 ps. Belles et t.b.c.

486 — **François** I. *Empereur* 1831. *Thaler*. Buste lauré à dr, les cheveux courts. Tranche avec inscription t.b.c.

487 — **Franz** II. Empereur. 1802. *15 Soldi* = 8¹/₂ *Kr*. fr. à **Hall** (F) pour Görz. et Franc. **Joseph** I 20 *Kreuzer*. Buste et double aigle. Beau et F.d.c.

488 — **François Joseph**. 1854. *Double florin* sur son mariage avec **Elisabeth de Bavière**. Leurs bustes superposés à dr. Rev. Scène de la bénédiction nuptiale. Beau.

489 **Bamberg**, (Evêché). **Franz Ludwig**. 1795. *Vaterlands-Thaler*. Armoiries et légende. Schulth. 4088. t.b.c.

490 **Barcelone**. 1812. **Peseta**. Armoiries et valeur. t.b.c.

491 **Bavière**. (Electorat). **Max. Joseph**. 1752. *12 Kreuzer*. Tête et armoiries. Beau.

492 — 1757 et 1765. *Thaler* au buste et à la Madone. b.c. 2 ps.

493 — 1772 et 1775. Mêmes pièces. b.c. 2 ps.

494 — 1760. *Thaler*. Buste et armoiries. t.b.c.

495 — (Royaume) **Ludwig II**. 1875. *Fünf Mark*. Buste et aigle imp. Epreuve! fr. en étain. t.b.c.

496 — 1876. *Zwei Mark*. Buste et aigle imp. t.b.c.

497 — **Otto** 1888. *5 Mark*. Schön.

498 — 1888. *Zwei Mark*. Buste et aigle imp. Beau et t.b.c. 2 ps.

499 **Belgique**. **Léopold** II. 1887. *1 Franc* avec lég. hollandaise. F.d.c.

500 **Berg Gerhard von Jülich** 1348-60. *Denier* de **Mülheim?** GERARD(VS) COHE.... Tête à g. Rev. HON . E.... M? OL' . h.... Croix pattée coupant la légende cantonnée de 4 rosettes. Inédit.

501 **Bern**. 1798. *Thaler*. RESPUBLICA—BERNENSIS Armoiries. Rev. DOMINUS—PROVIDEBIT. Suisse armé debout, dessous 1798. Tranche fleuronnée. F.d.c.

502 — 1826. *5 Batzen*. Beau mais troué.

503 — 1857. *5 francs* du tir fédéral »*Eidgenössisches Freischiessen in Bern.*" Rev. Tireur armé. »*Ehre ist mein hoechstes Ziel.*" Ar. F.d.c.

503 **Bohème. Rudolph** II. 1603. *Thaler (Prague)* frappé en **or** (Pièce de 10 Ducats) RVDOLPHVS . II . DG . R . I — (Marque monét, de Hanns Lasanz von Friedenegg) S . A . G. HV . BOE . RÆX. L'Empereur couronné debout tenant sceptre et globe entre les écussons couronnés de Bohême et d'Hongrie. Rev. ARCHIDVX AVSTRI . DVX BVRG . MAR . MOR : 1603 Double aigle impérial tenant armoiries couronnées d'Autriche. Manque à Donebauer qui ne connait que le demi Thaler. **Or. Gr. 35. Beau.** *Rarissime. Voir la gravure.*

504 **Brandebourg. Friedrich** III. 1694. *Klever Gulden* (²/₃ Thaler) Henckel 4965. b.c.

505 — **Ansbach.** Alexander. 1765. *Thaler* en mémoire de son élévation comme *Kreisoberst.* Le Markgrave à cheval. Rev. Armoiries. Schulth. 6210 Reimm. 3292. Beau.

506 — **Ansbach-Bayreut.** Friedr. **Wilhelm** II. *Gulden* Henck. 5370. b.c.

507 — **Prusse.** Friedrich II. 1757 ¹/₆ *Thaler.* (Breslau) für *Schlesien.* Buste et valeur.

508 **Braunschweig-Wolfenbüttel.** Heinr. **Julius**. 1607. *Thaler.* Armoiries et sauvage. Knyph. 180. t.b.c.

509 — 1610. Desgl. Knyph. 183. b.c.

510 — **Friedrich Ulrich.** 1615. *Thaler.* Sauvage et armoiries. Var. de Knyph. 222 avec FRIDERIC ❀ ULRIC ❀ D : G ❀ DVX ❀ etc. Rev. DEO ❀ ET ❀ PATRLE ❀ ANNO ❀ 1615. t.b.c.

511 — 1630 *Thaler* comme le no. précedent. Var. de Knyph. 7483. t.b.c.

512 — 1621 ¹/₄ *Thaler.* Armoiries et sauvage. Kn. 272. t.b.c.

513 — **Friedr. Ulrich.** S. d. *Kipper 12ᵉʳ* ; . FRI . VL . D . G . DVSEM . BRI. ❀ Sauvage avec tronc, entre deux rosaces. Rev. FERD ? II D G ROIM SEM AV. Double aigle impér ; en coeur 12. b.c.

514 — **Anton Ulrich.** 1714. ¹/₁₂ *Thaler* cheval et valeur b. c. **George** III. ¹/₆ *Thaler* de 1796, 99 (2 ps.) 1804 et 07. Buste et armoiries. ¹/₂₄ *Thaler* 1820 (2 ps.) cheval et valeur. 8 ps. (7 ps. belles.)

515 — *VI Mariengroschen.* 1731. (Ludov. Rudolph). Sauvage et valeur. (Date inconnue à Knyph) ; *IIII Mariengroschen* 1681 (2 ps.), 1703 et 13 cheval et valeur ; de 1741 et 43. Cheval et C couronnée, de 1771. Sauvage et valeur. *II Mariengroschen* 1631. Monogr. FV et valeur ; de 1709, 29, 78. Sauvage et valeur ; *1 Mariengroschen* 1680. Valeur et Madone ; *même pièce* s. d. de *Joan Friedrich* et *Mariengrosch.* 1804. Cheval et valeur. Lot intéressant de 15 petites monnaies. t b.c.

516 **Braunschweig-Neu-Wolfenbüttel.** August. 1643. *VII. Glockenthaler.* Armoiries et cloche. Knyph. 464. Beau.

517 — 1645. *Thaler.* Armoiries et sauvage. ❀ AUGUS : HERTZOG . ZU . BR : U : L : U : ❀ Rev. ❀ ALLES MIT BEDACHT ANNO 1645 II (deux clefs en santoir) S ❀ Cpz. Knyph 469. t.b.c. Date inconnue à Knyph.

518 — **Rudolph August.** 1692. *XII Mariengroschen.* Sauvage et valeur. Knyph. 749. t.b.c.

519 — 1695. *XII Mariengroschen.* Manque à Knyph. Variété de gravure de Knyph. 749 et avec LUN. Beau et *rare.*

520 — 1704. *Sterbegulden.* (¹/₄ *Thaler*). Armoiries heaumées. Rev. Légende en 14 lignes. Variété de Knyph. 838 avec SEPT., VIVIT ENIM POST FUNERA ; PRINCIPIS ; SUBDIT ORUM-AETERNITATE. t.b.c. *Rare.*

521 — **Rudolph August u. Anton Ulrich.** 1702. ¹/₄ *Thaler.* ✳ UT FRONTIBUS ITA FRONDIBUS CONIUMCTISSIMI. Deux hommes sauvages. Rev. Armoiries Variété intéressante de Knyph. n. 746. b.c.

522 — **Anton Ulrich.** 1711. *Thaler.* Armoiries et sauvage. Knyph. 7958. t.b.c.

523 — 1707 et 1709. *24 Mariengroschen* au sauvage Knyph. 865 et 867. b.c. et t.b.c.

524 — **August Wilhelm.** 1725. *Thaler* au cheval et au monogramme couronné. Knyph. 980. t.b.c.

525 — 1729. *Thaler* au sauvage et aux armoiries. PARTA . TVERI — E. P. H. Cpz. Knyph. 974 t.b.c.

526 — **Carl I.** 1765. *³/₃ Thaler.* Buste et cheval. Knyph. 1269. b.c.

527 — **Carl Wilhelm Ferdinand.** 1789 et 1795. *24 Mariengroschen nach dem Leipziger Fus.* Cheval et valeur. Knyph. 1624 et 1626. t.b.c. 2 ps.

528 — 1789. *XVI Gutegroschen.* Armoiries et valeur. Knyph. 1639. F.d c.

529 — 1795. *Speciesthaler.* Knyph. 1598. Beau.

530 **Braunschweig-Neu-Lüneburg. Friedrich zu Celle.** 1644. *Thaler.* FRID : HERTZOG . ZU . BR : U : LUN : Armoiries heaumées entre H -S et 1-6-4-4. Rev. COADES : STIFT . RATZ : THUMP ‡ DES . ERTZ . STIFT . BREM : Sauvage avec arbre. lég. int : . FRIEDT . ERNEIRT . — UN-FRIEDT . UERZ : Manque à Knyph : Cpz. Schulth-Rechb. n°. 6790 de 1643. t.b.c. Rare.

531 — 1640. *Thaler.* Buste à dr. Rev. Armoiries. Var. de Knyph. 2067 avec Frideri ḩert . — Coadi . et $\frac{16-40}{\text{L.W.}}$ t.b.c.

532 — 1647. *Thaler.* Buste à dr. V . G . G . FRIDERICH etc. Rev. Armoiries heaumées. Knyph. 2079. t.b.c.

533 — **Christian Ludwig.** 1664. *Thaler.* Armoiries et cheval. Cpz. Knyph. 2175. Beau.
      Cette date manque à Knyph.

534 — **Johann Friedrich.** 1667. *Thaler.* Sauvage et armoiries. Var. de Knyph. 2417 et 8596. b.c.

535 — 1677 et 1679. *³/₃ Thaler* au buste. Rev. EX DURIS GLORIA. Palmier sur rocher et deux vaisseaux. Kn. 2442 et 2453 var. avec IOAN : t b c. 2 ps.

536 — **Ernst August.** 1680. *Breiter Doppelthaler.* Buste à dr. Rev. Rone etc. au bord de la mer. Mad. 860. Knyph. 2574 t.b.c.

537 — 1696. *24 Mariengroschen* au sauvage. Knyph. 2601 t.b.c.

538 — **Georg Wilhelm** 1692. *³/₃ Thaler* Armoiries et cheval. Knyph. 2258. b.c.

539 — **Georg Ludwig.** 1704. *XII Mariengroschen* Valeur et St. André. Knyph. 2943 t.b.c.

540 — 1703. *XXIV Mariengroschen* au sauvage. Knyph. 2883. Beau.

541 — 1706. *Thaler.* Armoiries et St. André. Knyph. 8759 t.b.c.

542 — 1713. *Thaler* au St. André. Armoiries couronnées entre HG—B et St. André. Knyph. 2836 t.b.c.

543 — **George II.** 1759. *Thaler* au St. André et aux armoiries. Manque à Knyph. Cpz. Knyph. n. 3228. Beau. Date rare.

544 — **Georg III** 1775. *³/₃ Thaler* Armoiries et sauvage. Knyph. 3001 t.b.c.

545 — 1794. *¹/₃ Thaler* au buste et aux armoiries. Knyph. 3676. Beau.

546 — 1796. *24 Mariengroschen.* Armoiries et valeur. Knyph. 3583 t.b.c.

547 — 1770 et 1804. *¹/₃ Thaler* au St. André. Rev. Armoiries. Knyph. 3686 var. et 3690 b.c. et beau. 2 ps.

548 — 1807. *²/₃ Thaler.* Armoiries et valeur. Knyph. 5640 t.b.c.

549 — 1814. *²/₃ Thaler* au buste lauré à dr. Rev. Valeur. Kn. 3644. Beau.

550 **Bremen. Heinrich von Schwarzburg.** *Archevêque* 1483—96 S.d. *Groten.* St. Pierre assis. Rev. Armoiries. Junk. 84 b.c.

551 — *XII Grote* 1654 (2 ps.) et 1657. et *VI Grote*. 1672 et 1674 Cpz. Junk. pl.
25, 624, 639, 698 et 719 b.c. 5 ps.

552 — 1666. *24 Grote* 2 var. un avec 14 GRO : Type de Junk pl. 24, 549,
même pièce de 1749. Junk n. 609 t.b.c. 3 ps.

553 — *1 Grote* 1646 (3 var.) 1660 (2 var.) Cpz. Junk pl. 26 n. 726 et 753.
4 ps. t.b.c.

554 — 1723. *Thaler* au titre de l'empereur **Charles** VI. Double aigle. Rev.
MONETA NOVA REIPUB : BREMENSIS ✿ Armoiries. Reimm. 6387. M.
4792. Junk 507 b.c.

555 — 1749. *24 Grote*, armoiries et double aigle. Junk. 609. Beau.

556 — 1753. ²⁄₃ *Thaler* de 48 Grote, au titre de l'empereur **François** I. Dou-
ble aigle et armoiries. Junk. 530. F.d e.

557 — *2 Grote* 1646. *Grote* 1744, 45, 49, 51 et 54, 1/3 *Grote* 1789 (Junk 1104)
Schwaren 1781 (Silberabschlag) Junk 1181 F.d.c. 2¹⁄₂ *Schwaren* 1802.
Junk 1106. Ae. 9 ps (8 en arg.)

558 **Brisach**. 1633, *assiégée par les Suédois. Monnaie obsidionale* de *48
Kreuzer*, aux armoiries **d'Autriche**, **d'Alsace** et de **Brisach**. Cpz. Mailliet
Suppl. pl. 21,4. Carrée. t b.c.

559 **Clèves. Adolph** VI. 1368—94. *Double gros* de *Clèves*. Variété de Farina
1499 avec ΜΑRҞЄ b c

560 — **Johann** II 1485. *Groschen* Cygne tenant écusson parti de Juliers Clèves
✠ IOҺS' DVᕯ ᏟLIVЄnS Z ᏟOΜΑRҺ. Rev. Αn'D—
n' o ΜᏟ—ᏟᏟᏟL—ᕯᕯᕯV. Croix fleuronnée coupant la légende
cantonnée de W—Є—S—Α b.c.

561 **Cologne. Thierry** II **de Meurs** 1414—63. *Florin d'or* de *Bonn*. Reimm.
312. **Or**. Beau.

562 **Constanz** S.d. *Batzen* armoiries et aigle ✿ ⁊ ΜOnЄΤΑ ᏟIVI-
ΤΑΤIS' ᏟOnSΤΑnЄ ⁝ t.b.c.

563 **Danemarc**. 1563,4. *Guerre contre Eric XVI de Suède*. **Frédéric** II. 1564.
1 Mark. Ecusson couronné dans lequel F. Rev. o I o — MARCK —
o 1564 o Cpz. Mailliet pl. XXXI. 38 de 1563. a.b.c.

564 — **Frédéric** III. 1659. *Doppelkrone*. (Pièce de 8 Mark) en mémoire de
l'attaque de Copenhague par les Suédois ✿ DOMINVS ✿ PROVIDEBIT
✿ 1659 ✿ Monogr. couronné et EBEN — EZER. Rev. ✿ SOLI ✿ DEO
— ✿ GLORIA. Couronne dessous *ii Feb*, et main frappée d'un sabre
tenu d'une main sortant des nuages. Reimm. 1290. Beau.

565 — **Christian** IV. 1613. *Mark*. Buste du roi à demi. Rev. Valeur et armoi-
ries. b.c.

566 — 1620. *Krone* au roi debout. Rev. Couronne. Schulth. 1039. t.b.c.

567 — 1624. *Dickkrone*. Le roi debout CHRISTIANVS — . — IIII . D : G :
DANI. Rev. Couronne, dessous . R . F . P . Lég. + NORVE: VANDAL:
GOTORVQ . REX 16Z4. Cpz. Reimm. 8070. b.c.

568 — 1624. *Demi Dickkrone*. Buste couronné à dr. CHRISTIAN IIII D G.
Rev. + NOR : VAND : GOTOQ . REX . 16Z4. t.b c.

569 — **Frédéric** IIII. 1730. *VIII Shilling*. t.b.c.

570 — **Frédéric** VI. 1834. *Rigsdaler Species*. Tête à dr. et armoiries. b.c.

571 **Frédéric** VII. 1848. *Thaler* sur la mort de **Christian** VIII. Buste de Christian
à dr. Rev. Buste de Frédéric. t.b.c.

572 — **Christian IX**. 1863. *2 Rigsdaler* sur la mort de **Frédéric VII**. avec leurs bustes. Reinm. 1326. t.b.c.

573 — **Christian IV**. 1876. *2 Kroner*. Buste et armoiries. t.b.c.

574 **Desana. Giovani Bartolomeo Tizzone**. 1529-1533. *Teston*. ✠ BART ' TICIO ' CO ' DECI ' VIC ' IMP. Buste à g. Rev. SANCTVS — PETRVS ✠ Le Saint assis. a.b.c

575 **Duisburg. Heinrich** III 1024—56. *Denier* ✠ HEINRICHVS IM. Buste de l'empereur de face. Rev. DI—VS - BV—R. Danneb. 347. b.c.

576 **Dülken. Wilhelm** II 1361—93. *Gros tournois* ✠ DVL · KENSICI-VI · Lég. ext. petit lion BHDICITV. : etc. — — IHVXI Rev. TVROHV . S . CIVIS. Grote Münzst. VII p. 436 n. 59n var t.b.c. Rare.

577 **Düren. Guillaume** II de **Juliers** 1361—93. *Gros à l'aigle* MONETA ⁎ DVRENSIS ⁎ CIVITAS ⁎ Cpz. Grote Münzst. VII p. 423 n. 41a b.c.

578 **Einbeck**. 1673. *VI Mariengroschen* ⚘ EINBECENSIS ⚘ E couronné et II—II. Rev. ⚘ MONETA NOVA ⚘ 1673 et ⚘ VI ⚘ - MARIEN - GROS ⚘ t.b.c.

579 **Espagne. Henri** IV de **Castille** 1454—74. *Réal* ✠ EN (en monogr.) RICVS : CARTVS : DEI : GRA : REX : CASTE. Buste couronné à dr. dessous la couronne une pointe. Rev. ✠ EN (monogr.) RICVS : REX : CASTENNE : ENEGIONIS : Armoiries écartelées. en haut B (urgos?) Type de Heiss. pl. 14, 13 t.b.c.

580 — **Ferdinand et Isabelle** 1474—1504—16 *Demi Réal* fr. à *Barcelone* ✠ REX : ET ⦂ REGNA ⦂ FERDINA ⦂ D Corde avec B. Rev. ✠ FERNANDVS ⦂ ET ⦂ ELISAB ⦂ Faisceau de flèches. Cpz. Heiss. pl. 23. Beau.

581 — **Philippe** IV. 1662. *Liard*. Buste et armoiries Heiss. pl. 38, 42 (2 var.) Belles et 1663. Liard inédit PHILIPPVS × IIII × D G × 1663 × Tête à dr. Rev. armoiries . . . IARVM × REX × Armoiries b.c. 3 ps. Cuivre.

582 — **Guerre de succession. Charles d'Autriche** *Archiduc* 1708. *Pièce de 2 réales*. Monogramme couronné. Rev. Armoiries Heiss pl. 43,1 t.b.c.

583 — **Ferdinand** VII. 1808. *Peseta de proclamation* FERDINAND . VII . D . G .— HISPAN . ET IND . REX. Armoiries couronnées. Rev. ACCLAMATIO AVGVSTA MATR . 24 AVG . AN . 1808. Monogramme Beau.

584 — **Joseph Napoléon**. 1810. *Piastre de 20 Réales*. Buste à g. Rev. Armoiries entre 20 . R. Heiss. pl. 60, 4. Beau.

585 — *République* 1869. *Peseta*. Beau.

586 — 1870. *5 Pesetas*. La Liberté assise. Rev. Armoiries Beau.

587 — **Alphonse** XIII. 1888. *5 Pesetas* Tête enfantin à g. Rev. Armoiries. Beau

588 **Espagne-Angleterre. Philippe** II d'Espagne et **Marie d'Angleterre**. 1555. *Shilling* PHILIP . ET . MARIA . D . G . REX . ET . REGI . ANG : Leurs bustes opposés sous une couronne accostée de 15-55, entre les bustes une pointe. Rev. POSVIMVS . DEVM . ADIVTOREM . NOSTRVM. Armoiries couronnées d'Espagne—Angleterre, la couronne accostée de X—II. Variété de Heiss. pl. 202 n. 5 t.b.c.

589 **Essen** *Abbaie* **Elisabeth** II, *Comtesse de Nassau* 1370 1413. *Gros tournois* ✠ ELISABET : ABBA Rev. ✠ MONETA .

ESSEIN Variété de Grote Münzst. III p. 454. 4e avec ᚻRI : ᚻVᚷᚹPI dans la lég. extér. t.b.c. *Fort rare.*

590 **Finland**. 1865. *Mark*. Armoiries et valeur. t.b.c.

591 **Fosdinovo. Maria Mad. Malaspina.** 1669. *Luigino.* . MARCH . FOSD . BONIT . VNC . QNQ Buste à dr. Rev. * INTER . SPINAS . CERVLEA . FLORENT. Armoiries entre 16-69. Beau et rare.

592 — 1666. *Luigino.* . HEC . EST . VIRTVTIS . IMAGO . Rev. ⚙ D--EVS . MEVS . + . ET . OMNI—A ⚙ Beau.

593 **France**. **Charles-le-Chauve** 840—77. *Denier* de **Chartres** ✠ ꞬRA ꞭIꞭꞮO—IRE✠ Monogramme au centre. Rev. ✠ ꞬARNOꞭIS ꞬIVIꞭAS. Croix au centre. Beau.

594 — *Denier de* **Melle.** ꞬARLVS REꙀ R Croix au centre. Rev. MEꞭ—ALO t.b.c.

595 — *Denier* de **Nevers.** ✠ ꞬARLVS IMP AVꞬ. Au centre croix. Rev ✠ ΛEVERΛISꞬIVIꞭ. Monogr. t.b.c.

596 — *Denier* **d'Orléans.** ✠ ꞬARLVS REꙀ FR. Croix cantonnée de *4 globules* Rev. ✠ AVRE . LI . ΛNS. Temple. Beau.

597 — *Denier* de **Saint-Quentin.** :✠: ꞬRIAꞭIA O꞊IRE . ⤬ Monogramme. Rev. ✠ ꞷꞬ — IꞶIIᚻꞭIᚻIMO. Croix au centre. t.b.c.

598 — *Denier* de **Sens** ✠ ꞬARLVS REꙀ FR. Croix cantonnée de quatre globules. Rev. ✠ SENONES ꞬIVIꞭAS. Temple. Gariel 20. t. b. c.

599 — **Eudes.** *Denier* de **Chartres.** ✠ ꞬRAꞭIA O--I REꙀ au centre O D O (les O quadrangulaires) entre deux croisettes, accostée chacune de deux I. Rev. ✠ ꞬARNOꞭIS ꞬIVIꞭASI. Croix. Gariel 19. t.b.c.

600 — **Charles V** 1364—1380. *Franc à pied.* Le roi debout sous un baldequin. Cpz. Hoffm. pl. XXIV n. 2 avec Ꞥ dans la légende du revers. **Or.** t.b.c.

601 — **Charles VII** 1422—61. *Ecu à la couronne.* Ecusson de France accosté de deux fleurs de lis couronnées. Cpz. Hoffman, pl. XXXI, 2. **Or.** b c.

602 — **François I** 1515—47. *Ecu du Dauphiné* frappé à **Romans** ✠ FRAN-CISCVS . DEI . GRA . FRACOR . REX . R (couronnée) Champ écartelé de France-Dauphiné ; en haut un soleil. Rev. R (couronnée). X PS . VINCIT . etc. INPERAT . ${}^{z}_{o}$ Hoffm. pl. LV. 19. **Or.** t.b.c.

603 — *Même pièce.* fr. à *Romans* par *Louis Proust.* PL (liés) **Or.** t.b c.

604 — **Henri III.** 1576. *Franc* HENRICVS . III . D . G . . FRANC . ET POL . REX, pointe sur la F. Buste à dr. dessous T. Rev. SIT . NOMEN . DOMNI ⚙ BENEDICTVM . 1576. Croix fleuronnée. Manque à Hoffmann. Frappe mauvaise.

605 — 1576. *Demi Franc.* HENRICVS . III . D . G . FRANC . ET . POL . REX . B. Buste à dr. Rev. SIT . NOMEN . DOMIN . BENEDICTV marque monét: 1576. Croix fleuronnée, au centre H. — Manque à Hoffman. Beau.

606 — 1576 ¼ *Franc* . HENRICVS . III . D : G . FRANC . ET . POL . REX . B. Buste à dr. Rev. SIT . NOMEN . DOMIN . BENEDICTV marque mon. 1576. Croix fleuronnée au centre ⌑ t.b.c Manque à Hoffmann.

607 — **Henri IV.** 1603. ¼ *Ecu de Navarre.* Hoffm. pl. LXXX. 29 t.b.o.

608 — 1606. ¼ *Ecu de Béarn.* Cpz. Hoffm. pl. LXXX. 32 t.b.c.

609 — **Louis** XIV. 1652. *Ecu* au buste enfantin à dr. fr. à **Bayonne** (L). Type
de Hoffm. pl. XCV. 74 avec D : G . — FR . ET . NAV . REX . Rev.
avec une pointe entre les lis dans l'ecu. b.c.

610 — 1676. *Quatre Sols* fr. à **Lyon** (D). Buste à dr. Hoffm. pl. XCVII. 106. b.c.

611 — 1691. *Ecu au huit L* fr. à **Lyon**. Hoffm. pl XCIX n 133. b.c.

611a — 1694. *Louis d'or* fr. à **Nantes** (T). Buste lauré à dr. Rev. 4 L et 4 lis
couronnés **Or**. t.b.c.

612 — 1694. *Ecu aux palmes* fr à **Rouen** (B). Type de Hoffm. pl. XCIX. 140
mais la tête plus grande; sans pointes entre les mots de l'avers b.c.

613 — 1704. *Cinq sols* fr. à **Strasbourg**. Tête à dr. Hoffm. pl. CI. 173. t.b.c.

614 — **Louis** XV. 1718. *Ecu de Navarre de 6 livres* fr. à **Nantes** (T). Tête laurée
à dr., dessous lion. Rev. Armoiries. Cpz. Hoffm. pl. CIX. 34. t.b.c.

615 — 1732. *Ecu aux lauriers de 5 livres*. fr. à **Rennes**. Cpz. Hoffm. pl. CX.
50. t.b.c.

616 — **Louis** XVI. 1785. *Ecu de 6 livres* fr. à **Bayonne**. Buste à g. signé
B . DUVIV . F. . dessous fleur. Type de Hoffm. pl. CXIV. 11. t.b.c.

617 — 1784. *Même pièce*. t b.c.

617a — 1791. *30 Sols* fr. à **Limoges**. Variété de Hoffm. pl. CXVII n. 63 avec.
LOUIS et 1 791. Rev. 30 — SOLS. et LAN 3 DE LA | LIBERTE. Beau.

618 — 1792. *Ecu de 6 livres*. Tête à g. dessous petit lion et 1792. Rev. Le
génie de la France. Hoffm. pl. CXVII. n. 60. Beau.

619 — 1793 *Même pièce*. t.b.c.

620 — (Révolution 1791—93). 1792. *20 Sols. Lefevre, Lesage et Comp^ie.
Négociants à Paris*. Rev. *10 Sols à échanger en assignats de 50'*. t.b.c.

621 — **République**. 1793 (AN II). *Ecu de six livres*. fr. à **Paris**. REPUBLIQUE
FRANÇOISE et au rev. REGNE DE LA L OI. t.b.c.

622 — 1793. Même pièce, sans pointe sous L. t.b.c.

623 — **Napoléon** I. **Empereur**. (1803). AN 12. *5 francs* fr. à **Toulouse**. (M). Tête à
dr. NAPOLEON EMPEREUR. Rev. RÉPUBLIQUE FRANÇAISE. b.c.

624 — (1804) AN 13. *5 francs* fr. à **Turin** (Coeur et U). b.c.

625 — *5 francs* fr. à **Paris**. t.b.c

626 — 1806. *Pièce de 40 francs* fr. à **Turin**. Tête à g. par Droz. Rev. Valeur
dans une couronne, et RÉPUBLIQUE FRANÇAISE. **Or** b.c. Rare.

627 — 1806 *6 francs* fr. à **Strasbourg** (BB). Beau.

628 — 1808. *5 francs* fr. à **Lille** (W). Tête laurée à dr. t.b.c.

629 — 1811 *Pièce de 20 francs* fr. à **Turin**. Tête laurée à g. Rev. EMPIRE
FRANÇAIS. **Or** t.b.c.

630 — 1811. *5 francs* fr. à **Lyon**. (D). Beau.

631 — 1811 *5 francs* fr. à **Turin**. b.c.

632 — 1812. *5 francs* fr. à **Rome**. (R. couronnée) b.c. Rare.

633 — 1813 *5 francs* fr. à **Rome**. b.c. Rare.

634 — **Les cent jours**. 1815. *Pièce de 20 francs* fr. à **Paris**. **Or**. Belle.

635 — 1815. *5 francs* fr. à **Paris**. t b.c.

636 — **Louis** XVIII. 1814. *Module d'une pièce de 2 francs* GALLIA REDDITA
EUROPAE Globe avec trois lis, en exergue APRILE 1814. Rev. FRAN-
ÇOIS. I. EMP. D'AUTRICHE Dans le champ ANGE | DE | PAIX — PA-
RIS. *Tiolier*. Tranche inscrite. t.b.c.

637 — 1814. *Pièce de 20 francs* fr. à **Paris**. Buste à dr. Rev. armoiries. **Or**.
Belle.

638 — 1815. *Pièce de 20 francs* fr. à **Londres** pendant la fuite du roi. Buste à dr. Rev. En exergue : ⚜ 1815 R. **Or.** t.b.c.

639　　**Napoléon** II. 1816. Essai d'une pièce de *5 centimes* NAPOLEON II EMPEREUR Tête à g. Rev. EMPIRE — FRANÇAIS 1816 et dans une couronne 5 | CENTIMES | ESSAI | Cuivre. Belle

640 — **Louis Philippe.** 1831. *Pièce de 20 francs* fr. à **Lille.** Buste à g. Rev. Valeur. **Or.** Belle.

641 — (2me **République**). **Concours monétaire de 1848.** *Essai pour 10 centimes* par *P. Boivin.* RÉPUBLIQUE FRANÇAISE. Tête de la République à g. Rev. LIBERTÉ ÉGALITÉ FRATERNITÉ. Dans une couronne 10 | CEN-TIMES | 1848. Bronze. Beau.

642 — *Essai par Domard.* Br. Beau.

643 — *Autre essai par. Domard.* Br. Beau.

644 — *Essai par. Farochon.* Br. Beau.

645 — *Essai par. Montagny.* Br. t.b.c.

646 — *Essai par. Moullé* Br. Beau.

647 — *Même pièce.* Au revers seulement 10 | CENTIMES | 1848 dans une couronne. Br. Belle.

648 — *Essai par E. Rogat.* Tête casquée de la République. Rev. avec. DIX | CENTIMES | 1848. Br. t.b.c.

649 — *Autre essai par. Rogat* avec tête laurée. Br. Beau.

650 — *3me essai par Rogat.* Même avers. Rev. avec 3 | CENTIMÈTRES — 20 GRAMMES. Br. t.b.c.

651 — *Essai pour 10 centimes.* Sans signature. Tête laurée et drapée. Rev. avec 10 | CENTIMES | 1848 | 2 ps. var. Br. Belles.

652 — *Autre essai,* sous la tête un triangle. Br. Beau.

653 — *Autre essai.* Tête laurée et coiffée. RÉPUBLIQUE — FRANCAISE. Rev. LIBERTE . EGALITE . FRATERNITE . 1848. Dans une couronne 10 | CENTs. Br. Beau.

654 — *Autre essai.* La tête entourée de rayons. Rev. avec. 10 | CENTIMES | 1848. Br. Beau.

655 — *Autre essai.* Même avers. Rev. avec 10 | CENTs. Br. Beau.

656 — **Empire. Napoléon** III. 1853. *Module de 5 Centimes.* Visite à la Bourse de **Lille.** Argent. Belle.

657 — 1859. *5 francs* fr. à **Paris** signé *Bouvet.* Buste à dr. Rev. Armoiries. Très beau.

658 — *Rép.* 1851. 20 Centimes au buste. **Empire** 1867. 20 Cent. au buste. F.d.c.

659 — 1870. *5 francs* fr. à **Strasbourg.** Tête laurée à g. par Barre. Rev. Armoiries EMPIRE FRANÇAIS. Très beau.

660 — 3me **République.** 1870. *5 francs* fr. à **Paris,** à la tête (par Oudiné). F.d.c.

661 **Franckfort s/M.** 1772. *Conventionsthaler.* Aigle et vue de la ville du coté du Main. Reimm. 6557. M. 7170. Beau. Coin brisé.

662 **Fugger. Maximilien** II. 1623. *Thaler obsidional* au titre de l'empereur **Ferdinand** II Double aigle impérial. Rev. Armoiries. Cat. Schulth 5061. Mailliet. Suppl. pl. 42.1 t.b.c.

663 **Fulda. Adalbert** III. 1792. *Contribut. Gulden* Armoiries Rev. dans une couronne PRO DEO ET PATRIA. dessous XX EINE F. MARCK. 1796. Schulth 4239. Beau.

664 **Halberstadt.** *Domcapitel* 1618. *Groschen* Armoiries et globe imp. t.b.c. **Haldenstein Gubert v. Salis.** 1726. *Kreuzer.* Beau. 2 ps.

665 **Halberstadt**. *Domcapitel* 1625. *Demi Thaler*. Z . MONETA . NOVA . _ _ . HALBERSTAD : Z. Armoiries ovales ornementées et heaumées. Rev. S. – STEPHANV -- PROTOMART : Le Saint debout à g. presque de face tenant l'Evangelium et palmier entre 16.–Z5. Gpz. Schulth 4278. t.b.c. seulement le petit écusson oval de l'avers est usé. *Fort rare.*

666 **Hameln**. 1668.- VI *Mariengroschen*. Armoiries et valeur. Knyph 5301. b.c.

667 **Hambourg**. 1666. *Double ducat* MONETA . HAM -BVRGENSIS. La Madone avec l'Enfant au-dessus de l'écusson de la ville accosté de 16—66. Lég. int : *Vivat — Pax*. Rev. La Madone avec l'Enfant sur un croissant . AVE . PLENA . — GRATIA. **Or**. b.c.

668 — 1748. *Thaler* en mémoire du jubilé de la Paix de Westphalie (Munster) SAE CVLO A PACE WEST PHALICA EXACTO. Rev. Double aigle couronné et au titre de l'empereur François I. t.b.c.

669 — 1761. *Thaler* (48 Schill Spec) au titre de **François** I. Double aigle et armoiries de la ville. Beau.

670 — 1763. *Même pièce*. b.c.

671 — 1765. *32 Schilling* au titre de l'empereur **François I**. Double aigle et armoiries. Beau.

672 -- 1767. *32 Schilling* au titre de l'empereur. **Joseph** II. Double aigle et armoiries. Beau.

673 — 1795 et 1796. *32 Schilling*; 1727 *16 Schilling*. 1797 *4 Schilling*. Armoiries et aigle impérial. t.b.c. 4 ps.

674 — 1808. *Thaler*. Armoiries et valeur (*32 Schillinge-Hamb. Courant*). t.b.c.

675 -- 1880. *2 Mark*. F.d c.

676 **Hanau**. **Wilhelm** IX. Prince héritier de Hesse. 1769. *Bieberer Ausbeutethaler*. Buste et armoiries. Mad. 6639. t.b.c.

677 **Hannover**. *Royaume*. **George** IV. 1820 et 1821. *16 Gutegroschen*. Cheval et valeur. Cpz. Knyph. 4139 et 4141. F.d.c. 2 ps.

678 — 1821. *1/6 Thaler* et 1824. *1/12 Thaler*. Cheval et valeur. Belles. 2 ps.

679 — 1828. *2/3 Thaler* au buste et valeur. Knyph. 4136. Beau.

680 — 1829. Même pièce. Kn. 4138. 2 var. Belles.

681 — **Wilhelm** IV. 1833. *16 Gutegrosschen*. Cheval et valeur. Knyph. 4229. avec LüNEB. F.d.c.

682 -— 1833. *2/3 Thaler*. Armoiries et valeur. Kn. 4221. Beau.

683 **Hesse-Cassel**. **Frédéric** II. 1776. *Thaler*. Buste à dr. Rev. Etoile. Reimm. 4030. t.b.c.

684 -- *1/4 Thaler* de 1767, (2 ps.) 68, 71 et 72. Armoiries et valeur. t.b.c. 5 ps.

685 — **Guillaume** I. 1819. *Thaler*. Buste et armoiries. b.c.

686 — **Guillaume** II. *1/3 Thaler*. 1827. Buste et valeur ; **Frédéric** II. *1/6 Thaler*. 1773. Lion et valeur, *1/6 Thaler* 1766 armoiries et valeur **Hesse-Darmstadt** *6 Kreuzer* 1824, 27, 34, et *2 Kreuzer* 1744. 6 ps. t.b.c.

687 **Hildesheim** (*Evêché*). **Ferdinand de Bavière**. 1613. *Groschen* (*1/24 Thaler*) avec EL . Hl. Rev. ROM . IM . S . A . Var. de Knyph. 4526. t.b.c.

688 — **Jobst Edmund v. Brabeck**. 1693. *6 Mariengroschen*. Buste à dr. Rev. Valeur. Knyph. 4557. b.c. **Rare**.

689 — **Ville**. *1/24 Thaler*. 1705. Knyph. 5658 et 2 *Pfennig* 1756. Billon 2 ps. t.b.c.

690 **Hongrie. Léopold** I (*Kremnitz*). 1690. *Thaler*. Buste lauré à dr ; écusson et Madone dans la légende. Rev. Double aigle. Schulth. 2524. t.b.c.

691 — **Charles** VI. 1737. *1/4 Thaler*. (N-B = Nagybanya). Buste et armoiries dans un carreau. t.b.c.

692 — **Joseph** II. 1786. ¹/₂ *Thaler*. (A == Wien). Deux anges tenant la couronne au dessus des armoiries. Rev. Madone. b.c. et **Ferdinand** I. 1848. *20 Kreuzer*. Buste et Madone. t.b.c.

693 **Hörde Gerhard de Clèves comte de Marck.** *Turnosgroschen* (Gros tournois) ✠ GERARD' ⁎ DE ⁎ CLIVIS ⁎ COH MAR' Armoiries dans un entourage de six lobes. Rev. Lég. ext. ✠ PAX ❀ DNI ❀ etc. Lég int : HON — NOV — hVE — RDE Croix pattée coupant la lég. int. Farina 1559. b.c. Rare.

694 — *Demi gros tournois* comme le nᵒ précedent. ✠ GERARD × (DE) × CLIVIS × (COH) × MARh. Rev. MON — NOV' — hVE RDE b.c. Rare.

695 **Jever** (Seigneurie). **Marie** 1567. *Thaler* MARIA * G * D * V * FR * T * IEVER * RV * OS * V * VV. Armoiries heaumées. Rev. ⁎ NACH * DES * H * REICHS * SCRODT * VND * KORN. Daniel dans la fosse aux lions. Cat. Schulth. 5210. t.b.c. Rare.

696 — **Frédéric Auguste**. 1764. *12 Grote* (2 ps.) et *4 Grote* (3 ps) Buste et armoiries. 5 ps. b.c.

697 — **Fréderique Auguste Sophie d'Anhalt-Zerbst** 1798. *Thaler* SUB . UMBRA . ALARUM . TUARUM. Double aigle russe portant écusson de Iever. Rev. FRIED . AUG . SOPH . PRINC · ANH . DYN . IEVER . ADMIN. Dans une couronne EIN REICHS THALER 1798. Reimm. 5163. t.b.c.

698 — 1798 ¹/₂ *Thaler* comme le nᵒ précedent. Reimm. 5164. Beau.

699 **Juliers. Gerhard** V. 1304 –28. *Denier à tête* ∴ GERARDVS CO-MESIVL' Tête à g. Rev. IN — NON — INI -- DNI Croix pattée, cantonnée de 4 rosettes. Grote Münzst VII. pag. 390. *3b* t.b.c.

700 — *Denier* ✠ GERARDVS COMES IVL' Rev. SIG — NVM GRV — CIS. Grote p. 390. *4a*.

701 **Juliers et Berg. Guillaume** IV. 1489. Double Sol. fr. à Mühlheim Far. 1642. b.c.

702 **Knyphouse. Guillaume Gustave** Fréd. *comte* **Bentinck**. 1807. *Pièce de 9 Grote*. Armoiries couronnées. Rev. Lion couronné. Knyph. 6808. Merzdorf 77. 144. Beau.

703 **Landau.** 1713 *assiégée par les Français. Monnaie obsidionale de 1 fl. 4 kr.* aux armoiries couronnées et monogramme du duc **Charles Alex.** de **Würtembourg**. Cpz. Mailliet pl. LXIX. 8. et v. Loon IV. 668.2 V 237.2. Octogone. t.b.c.

704 **Limburg-sur-la-Lenne** (Comté). **Guillaume** I. 1397-1449. *Denier.* WILH' CO . . . . MB' Le comte à demi-figure tenant glaive et petit écusson au lion. Rev. ❀ MONET . . . . BOR. Rosace. b.c. Rare.

705 **Lippe. Simon** I. 1275—1344. *Denier.* Grote V pl. IV. 44. t.b.c.

706 — **Simon** VII. 1617. *Groschen* (¹/₂₄ *Thaler*). Armoiries et globe impér. t.b.c.

707 **Livorno. Cosme** III de **Médicis** 1718. *Pièce d'or de la rose.* COSMVS . III . D . G . — M . DVX , ETRVR. 1718. Armoiries. Rev. GRATIA OBVIA VLTIO QVAESTITA. Rosier, dessous. LIBVRNI. **Or.** Gr. 7. Belle.

708 **Lübeck** (Ville). 1559. *Thaler* MONETA * NOVA * LVBECENSIS 1559 (petit oiseau). Double aigle. Rev. St. Jean avec l'agnel, devant lui l'écusson de la ville CIVITATIS ⊗ — ⊗ — ⊗ — ⊗ IMPERIALIS (petit oiseau) Cpz. Reimm. nᵒ 6814. Beau.

709 — 1758. *2 Mark (32 Schilling)*. Double aigle et armoiries t.b.c.

710 — 1797. *32 Schilling*. Double aigle et valeur. t.b.c.

711 — **Evêché**. **Frédéric Auguste**. 1775. *Thaler*. Monogramme couronné. Rev. Armoiries. b.c. un peu usé.

712 **Lunebourg**. *Ville*. S. d. *Florin d'or* MONET . NO' . — LVNEB' GE'. Le Patron debout, à ses pieds petit écusson de la ville. Rev. ✠ FRIDERICVS . RO' . NOR' . REX. Globe impériale. t.b.c.

713 **Malte. Giovanni de la Valette** 1557—68. *Da 4 tari* ✠ F . IOANNES DE . VALLETTE . M . HOSP . HIER. Armoiries Rev. ✠ PROPTER VERITA-TEM ET IVSTICIAM. Tète de St. Jean. Cpz. Rossi. 1821.

714 — Même pièce, variété avec ✠ F , IOANNES DE VALETTE , M , HOSP , HIER . Rev. La tète plus petite. t.b.c.

715 — **Emanuel Pinto**. *Grand-Maître*. 1757. *Pièce de 15 Tari*. Armoiries. Rev. St. Jean debout. NON — SVRREXIT — MAIOR. t.b.c.

716 — **Emanuel de Rohan**. *Grand-maître* 1796. *Deux Scudos*. Buste et armoi-ries t.b.c.

717 **Mayence. Jean II de Nassau**. 1397—1419. *Florin d'or* de Bingen. IOHIS . AR — E — P' . MAGVNT' St. Jean. Rev. ✠ MO — NETA OPI . PINGE — SIS. Ecusson parti de Mainz — Nas-sau. Les petits écussons de Trèves et Falkenstein dans la légende. **Or** b.c.

718 — Même pièce avec IOHIS : et deux petits écussons semblables dans la légende du revers. **Or**. Très beau.

719 — *Florin d'or* de *Höchst*. IOHIS : AR — E — P. MAGVNT' St. Jean. Rev. ✠ MO — NETA . I . HOESTSVP' MO. Dans la légende deux petits écussons semblables **Or** t.b.c.

720 — **Albert** *margrave* de **Brandenbourg**. 1515. *Florin d'or rhénan*. Le Christ assis. Rev. armoiries. Var. de Reimm. 339 avec o AL o et REN o 1515 o **Or**. t b.c.

721 — **Georg Friedrich** *von Greiffenklau zu Vollraths*. 1627. *Thaler* ✠ GEORGI o FRIDER ¿ D ¿ G o ARCHIEP ¿ MOG ¿ PR ¿ EL ¿ EP ¿ WOR ¿ Buste à dr, signé. LS. 1627. Rev. Æ (clef) MONETA — NOVA . ARGEN-TEA : MOGVN — T — INA . 1627 . Armoiries heaumées. Reimm. 2340 t.b.c. Fort rare.

722 — **Jean Philippe de Schönborn**. 1654. *Ducat*. Buste et armoiries. **Or**. t b.c.

723 **Mansfeld à Friedenberg**. **Peter Ernst ; Christoph et Johan Hoyer**. S. d. *Thaler au St. George*. PETRUS o ERN o CHRIS o IOAN o HOIE ⸗ Rev. armoiries COMIT . ET . DOMI . I . MANSFE. entre les heaumes S. Variété de Reimm. 5292. Beau.

724 — **David**. 1609. *Thaler* au Sf. George. Rev. BEI COT IST RATH VND-THAT. t b.c. Coulé.

725 **Mecklenbourg. Ulrich**. 1568. ½ *Thaler* VDAL(R) | ICVSD — G × DVX — MEGAP. Bust avec chapeau orné presque de face entre 15—68. Dans la légende 5 petits écussons à armoiries. Rev. MAXIMILIAN × DC × ROM × IMP × SEM × AV. Double aigle impérial, couronné, au coeur globe avec 139. Inconnu à Madai e. a.
Pièce fort rare, d'une bonne conservation.
Voir la gravure.

726 **Mecklenbourg-Schwerin. Friedrich Franz** 1792. *2 Thaler gold*. Armoi-ries. Rev. Légende. Reimm. 622. t.b.c.

4

727 — 1796 ^{2}/₃ *Thaler*. Armoiries et valeur. b.c.

728 — 1808. ^{2}/₃ *Thaler*. Armoiries et valeur. t.b.c.

729 — **Christ.-Ludwig**. 1752. ^{1}/₁₂ *Thaler*. Armoiries et valeur. **Friedrich** 1764.
2 *Schilling*, 1760 1 *Schilling*. Monogr. et valeur. **Paul Friedr.** 1838. *4 Schillinge* armoiries et valeur. t.b.c. 4 ps.

730 **Metz** (*Ville*) 1639. *Thaler* ⊛ MONETA CIVITA . METENSIS. 1639 Armoiries. Rev. + S . STEPHANUS . PROTOMARTIR. Buste du Saint à g.

731 — 1639. ^{1}/₄ *Thaler* au St Stephan. Rev. Armoiries MONETA CIVITA
METENSIS. 1639 ⊛ b.c.

732 — 1652. *Demi Gros* au St. Etienne agenouillé entre deux petits écussons. Rev. SEMIGROSS . METEN etc. Cpz. Cat. Robert n. 781. b.c.

733 — (Evêché) 1641. *Groschen* MONETA . NOVA . METEN. t.b.c.

734 **Milan**. *République* 1250—1310. *Grosso* au St. Ambroise assis. G . .
SⱰS . AM ∴ — ∴ BROSIV Rev. MEDIOLANV Croix
cantonnée de 4 globules et 4 croissants. Beau.

735 — **Galeazzo Maria Sforza**. 1468—76. *Grossa da 5 Soldi*. Tête à dr. Rev.
St. Ambroise combattant un ennemi. Cpz. Rossi 1247. b.c. *Rare*.

736 **Münster**. (Evêché). **Ferdinand de Bavière**. 1639. *Thaler*. St. Paul debout.
— Rev. Armoiries. Reim. 2669. Schulth, 4537 anm. t.b.c.

737 — **Christoph Bernhard de Galen**. 1652. *Thaler* au St. Paul debout. Rev.
Armoiries. Schulth. 4542 Beau.

738 — 1659. *Coesfelder Thaler*. CHRISTOPH . BERN . D . G . EP . MON .
SR . I . P . BVRGG . STR . D⁹ . IN . BORKELO, Armoiries heaumées
Rev. Le Christ à la croix. Lég. ext: PROTEGE . POPVLVM . TVVM .
DOMINE . CRV — CIS . PER . SIGNACVLVM. Lég. int: CR — VX —
MIRACVLOSA — COSFELDIENSIS, dans le champ 16—59. Schulth 4543.
Reimm. 2672. b.c

739 — 1661. *Thaler* sur la prise de la ville. Armoiries et St. Paul au —
dessus de la vue de la ville. Cpz. Schulth 45.—·v. Loon II 488 —468. b c.

740 — **Sede vacante** 1719. *1'*/₂ *Thaler* (Breiter 1^1/₂ facher Thaler) aux armoiries des chanoines. Reimm. 2688. Mad. 3344. Schulth. 4583. Beau.

741 — **Clemens August**. 1755. ^{1}/₁₂ *Thaler*. Monogr. et valeur. t.b.c.

742 — 1801. **Siège vacant**. *Thaler de convention*. St. Paul à demi-figure dans
un écusson oval. Rev. Charlemagne debout. Reimm. 2698. Schulth. 4590.
Beau.

743 **Naples**. **Louis** XII **roi de France** 1501—04 *Carlin* ⚜ LVDO ⚇ FRN ⚇ R —
GNIQ . NEAP ⚇ R. Le roi assis tenant sceptre et la main de justice,
les pieds appuyés sur deux lions couchés. Rev. ⚜ EXLTENT ○ ET ○
IME ○ LETENTVR ○ ONS Croix fleurdelisée. Variété intéressante de
Hoffmann pl. LVII. 77 et de Rossi 2938. t.b.c. Rare.

744 **Nassau**. **Wilhelm** 1825. *6 Kreuzer*. Armoiries et valeur. Beau et t.b.c.

745 **Neuss** 1570. ^{1}/₂ *Thaler*. MONETA . NOVA . CIVITATIS . NVSSIENSIS .
Armoiries couronnées. Rev. . MAXIMI . II . ROMA . IM . SEM . AV .
1570. Double aigle couronné.
Demi Thaler inconnu; fort rare, et très bien conservé.
Voir la gravure.

746 **Nürnberg**. 1627 *Thaler*. Aigle imp. et trois armoiries b.c.

747 — 1761 *Conventionsthaler*. La ville personifiée assise. DA PACEM. Rev.
Double aigle. Schulth. 7165. Mad. 5085 b.c.

748 — 1766. *Thaler.* Amoiries de la ville. Rev. Double aigle impérial. Mad. 5560 t.b c.

749 — 1768. *Thaler* de convention avec vue de la ville, double aigle impérial et au titre de l'empereur Joseph II. Beau.

750 **Oldenbourg**. **Anton Günther** 1660. *Thaler zu 48. Grote* ANTON . GUNT . CO : OLDEN . ET . DEL . DYN . IEV. ET . KNI. Buste de face. Rev. AUXILIUM MEUM A DOMINO . 1660. Armoiries. M. 4319. Reimm. 4326 t.b.c.

751 — **Peter Friedr. Wilh.** 1815 *2 Grote*, 1816 *4 Grote.* Armoiries et valeur. 2 ps. Belles.

752 — **Pierre Fréd. Guillaume** 1816 ¹/₃ *Thaler.* Armoiries et valeur. Cat Schulth. 4255. Beau.

753 — **Nicolas Friedr. Peter.** 1891. *Zwei Mark.* Buste et aigle imp. F.d.c.

754 **Olmütz.** (Evêché). **Charles de Lorraine.** 1707. *Thaler* au buste à dr. Rev. Armoiries. Sch. 3653. Reimm. 8508. Beau.

755 **Ordre-Teutonique.** **Maximilien** 1603. *Thaler* -:- MAX : DE : ARCH : AVST : DVX — BVR : MAG : PRVSS : ADMI. Le Grand-Maître debout entre armoiries et heaume. Rev. Chevalier entouré de 15 écussons, dessous 16—03. Reimm. 2837. Mad. 925. Beau.

756 **Osnabrück.** (Evêché). 1715. **Siége-vacant.** *Thaler* à l'empereur Charlemagne debout tenant sceptre et globe. Rev. St. Pierre debout. Madai 863 b.c.

757 **Ostfrise.** **Edzard II; Christoph et Johann** 1562 ¹/₄ *Thaler.* Buste de face EZD + CHR + IOH + CO + ET + DO + PHRI + ORI. Rev. ⚓ DA ┼ PACE ┼ DO ┼ IN o DIEBVS o NOSTRI o 62. Var. de Reimm. 5393 Cpz. Knyph 9704. b.c. Rare.

758 — 1564. *Breiter-Groschen.* × EDZ × CR × IO × E × D × DO × PHRI × ORIE. Heaume. Rev. DA × PACE × DNE × IN × L × DBVS × NOSTR. Ecusson, dessus 1564. Manque à Knyph : t.b.c.

759 — **George Christian.** ¹/₄ *Thaler.* Armoiries et double aigle impérial Knyph 6516 t.b.c.

760 — **George** IV. 1823. *1 Stüber.* Monogr. et valeur. Beau.

761 **Paderborn.** (Evêché) **Wilhelm Anton** *comte de Pyrmont.* 1765. *24 Mariengroschen.* Armoiries et valeur. Schulth. Rechb. 4675. t.b.c.

762 **Parma.** **Marie Louise.** 1815. *5 Lire* fr. sur. flan bruni. Buste diadémé à. g. Rev. Armoiries. Cat. Schulth. 5989. Superbe.

763 — — 1815. *5 Soldi* Buste à g. Rev. Monogr. couronné. Beau.

764 **Pologne.** **Sigismund** III. 1618. Ort? Buste à dr. Rev. MONETA . CIVIT : GEDANENSIS. Armoiries. b.c.

765 — **August** II. 1703. ²/₃ *Thaler.* Buste de Fréd. Aug. de Saxe. à dr. Rev. Deux armoiries sous une couronne. t.b.c.

766 — **Stanislas August** 1779. *Thaler.* Buste à dr. Rev. Armoiries. Beau.

767 — **Frédéric August** duc de *Warschau* 1814. *Thaler* Buste et armoiries. Cpz. Schulth. Rechb. 1723. t.b.c.

768 **Portugal.** **Don Fernando** 1367—83. *Réal* ✠ F ⠒ D ⠐ G ⠒ REX ⠒ PORTVGALIE ⌃ E ⠒ ALGARB Cinq petits écussons. Rev. Lég. ext. ✠ AVXILIVM ❀ MEVN ❀ ADOMINO ❀ QVI ❀ Lég. int : ✠ EXIT ❀ CELVM ❀ E ❀ TERAN Monogramme F R couronné. Variété de Teixeira de Aragão pl. IV. n° 7. t.b.c. Rare.

769 — **Emanuel** 1495—1521. *Réal* + I : EMANVEL . R : P : ET : A . D : GVINE. Armoiries couronnées entre deux o Rev. + I : EMANVEL : R .

P : ET : A . D . GVINE. M couronnée entre deux o , dessons L Variété de Teixeira de Aragão nº 12 t.b.c.

770 — **Ioao** III. 1521—57. **Cruzado Calvario** ✠ IOA : III : POR : ET : AL . R . Armoiries couronnées. Rev. ✠ IN HOC : SIG — NO : VINCES Longue croix sur un calvario Variété de Teixeira de Aragão pl. XV. 6 Beau.

771 — **Joao** VI **Prince-régent**. 1814. *Cruzado-novo* Armoiries et croix. Cpz. Teix : de Arag : pl. LI . 16 . Beau.

772 **Prusse. Friedrich Wilhelm** I. 1722. ⅓ *Thaler* au buste à dr. Rev. Armoiries ovales couronnées. Henck 1322. b.c.

773 — **Friedrich** II . 1750 et 1767. *Thaler* fr. à *Berlin*. Buste à dr. Rev. Aigle sur des trophées Henckel 1533. et 1714. b.c. 2 ps.

774 — 1750. ⅓ *Thaler* (Berlin) Variété de Henck. 1535 avec 9 pointes de drapeaux à chaque côté. t b.c. *Même pièce*. Henck 1538 avec 7 pointes de chaque côté. t.b.c. 2 ps.

775 — 1757. ⅙ *Thaler* (Breslau) Buste et valeur. — 1767 et 1768. ⅓ et ⅙ *Thaler* (Breslau) Henck. 4197 et 4203. b.c. et a.b.c. 3 ps.

777 — 1784. *Thaler* (Berlin) Buste lauré à g. Rev. aigle et trophées. Henck 1819. Beau.

778 — 1786. *Même pièce*. Henck 1845. *b.c.*

779 — 1786. *Thaler* (Breslau) Henck. 4287. b.c.

781 — **Friedrich Wilhelm** II. 1794. *Thaler* (Berlin). Buste et écusson à l'aigle. Henck. 1953 Beau.

782 — **Friedrich Wilh**. III 1797. *Gulden* (⅔ *Thaler*) Armoiries couronnées et valeur. Henck. 2056. t.b.c.

783 — 1816. *Thaler*. (Berlin) Henck. 2218 b.c.

784 — 1817. *Thaler*. Buste en uniforme. Rev. Aigle et trophée. Henckel 2231. b.c.

785 — 1801, 1802 et 1803. *Thaler* (Berlin). Buste et armoiries. Henck 2081, 2088 et 2095. Ar. b.c. 3 ps.

786 — 1814. *Thaler* (Berlin). Buste et valeur. Henck. a.b.c. 1818 et 1819. *Thaler* (Berlin). Buste en uniforme et aigle sur des trophées. Henck 2238. b c. 3 ps.

788 — 1822. *Thaler* (Düsseldorf). Buste et aigle. Henck. 4818. t.b.c.

789 — **Friedrich** 1888. *Fünf Mark*. Stglz.

790 — **Wilhelm** II. 1888. *Fünf Mark*. Stglz.

791 **Randerode** (Seigneurie). **Arnold** II. 1364—90. *Gros tournois* de **Linnich**. ✠ LINNIEПSI CIVIS. Lég. ext : BNDICTV ⵈ etc. Rev. ✠ TVRQNV . S . CIVIS. t.b.c. Manque à v. d. Chijs. Fort rare.

792 **Ratisbonne**. 1694. *Thaler*. MONETA × REIPVBLIC E × RATISBONENSIS × 16 ✳ 94. Armoiries. Rev. Double aigle couronné et titre de l'empereur **Léopold**. Mad. 5098. t.b.c.

793 **République Cisalpine**. 1797—1802. AN IX. *30 Soldi*. Buste lauré à dr. REPVBLICA — CISALPINA dessous le buste SOLDI . 30. Rev. PACE — CELEBRATA . — FORO BONAPARTE — FONDATO . — ANNO IX. Beau.

794 **Rhodes. Pierre de Corneillan**. *Grand-Maître*. 1354—55. *Gigliato*. Le Grand-Maitre agenouillé. Rev. Croix fleuronnée. Cpz. Rossi 3661. t.b.c. Rare.

795 — **Rogier de Pins**. 1355—65. *Gigliato*, dans le champ une pomme de pin. Cpz. Rossi 3664. t.b.c. mais troué. Rare.

796 **Rome**. **Paul II**. 1464—71. *Mezzo Giulio* . PΛVLVS . PP . -- .
SEGVN DVS . Armoiries. Rev. S. — P — Λ — VLVS
. S . — PET-RVS. Les saints debout. Rossi 3850. Beau et rare.

797 — **Innocent XII**. 1691—1700. INNO . XII — P . M . A . III Armoiries. Rev.
S — . PAVL : AP : Tête du Saint à dr. Petite monnaie t.b.c.

798 **Rouménie**. **Charles I**. 1883. *5 Lei* (5 francs.) Buste et armoiries et 18 5.
2 Lei. Beau et t.b c. 2 ps.

799 **Russe**. **Anne**. 1738. *Rouble*. Buste à dr, dessous CIIB. Rev. Double aigle
impérial t b.c.

800 — **Elisabeth**. 1755. *¼ Rouble* fr. à **Moskou**. Buste à dr. dessous MMA.
Rev. Aigle imp. entre M —b t.b.c.

801 — **Nicolas I**. 1830. *3 Roubles* Platine. t.b.c.

802 — 1834. *Rouble* au buste à dr. Rev· La Colonne d'Alexandre. Beau.

803 — 1840. *Rouble*. Aigle impér. entre HГ Rev. Légende et C.II.b. F.d c.

804 — 1844. *Rouble* (Petersbourg) Aigle impérial avec écussons entre K— I
et valeur. Beau.

805 — 1844. *Rouble* sans C.п.b. et aigle entre M. W. Très beau.

806 — **Alexandre II**. 1858. (Petersbourg) Aigle entre Ф — д. et valeur. Très
beau.

807 — 1859. *Rouble* Buste à g. Rev. Statue équestre *Epreuve fr. sur flan
bruni*. F.d.c.

808 — 1859. *Rouble* Buste à g. Rev. Statue equestre; fr. sur flan bruni. Beau.

809 — **Alexandre III**. 1883. *Rouble* sur son couronnement. Buste et couron-
ne. Beau.

810 — *20 Kopekken* 1887. *15 Kop*. 1880; *10 Kop*. 1875. 76. 87. et *5 Kop*.
1854. 82 4 ps. F.d.c. et 3 ps. t.b.c.

811 **Salzbourg**. **Paris Graf zu Londron**. 1637. *Thaler* au Saint deb. à ses pieds
l'écusson de l'archevêché. Rev. La Madone avec l'Enfant. Zell. 31. Beau.

812 — **Max Gandolf von Kuenburg**. 1681. *Groschen* Zell 31. **Johann Ernst v. Thun**.
1692. *Landbatzen*. Zell. 24; 1694. *15 Kreuzer*. Zell. 21. **Sigismund III**.
v. Schrattenbach. 1761. *Zwanziger*. Buste à dr. Zell. 45. 1758. *½ Batzen*.
Zell. 56. Beau et t.b c. 5 ps.

813 **Saxe**. **E. L. Friedrich III, Johann et George** (1507—25). *Engelsgroschen*
✠ FRIDERICVS o IOHANNES o GEORGIVS. Ange tenant écusson aux
épées. Rev. ✠ GROSSVS o NOVVS o DVCVM o SAXONI. Armoiries.
Beau.

814 — *Même pièce*, variété avec SAXONIE. t.b.c. 3 ps.

815 — *Même pièce*, variété avec FRIDERICVS 2 ps. Belles.

816 — *Mêmes pièces*, autre variété avec GEORGI et SAXON et avec SAXONI
t.b.c. et beau. 2 ps.

817 — *Même pièce* que le n°. 814 mais avec étoile à six rais comme mar-
que monétaire. 4 ps. (belle, t.b c et b.c.)

818 — *Même pièce*, variété avec 𝔤 entre les mots du revers. Belle.

819 — *Groschen*. Av. et rev. écusson heaumé. Beau.

820 — **Joh Friedrich u Moritz**. 1546. Ortsthaler (*⅓ Thaler*) * IOHAN FRID .
ELE . DVX . SAX o F. F. Trois écussons. Rev. * MAVRITI . DVX . SAX .
FI . IVS o 1546. Heaume t.b.c.

821 — **Magdalena Sibylle** femme de Joh. George II. 1687. *¼ Sterbethaler*.
Reimm. 4788. Beau.

822 **Saxe. E. L.** . **Alt-Gotha.** Joh. **Casimir et Joh. Ernst.** 1619. ¹/₆ *Thaler*.
Leurs bustes à trois quart opposés. Rev. Chevalier entouré d'écussons
✠ LANDG : THV : MAR : MIS : COM : MAR : ET ; RAVENS : DN :
IN : RA ✱ WA. t b.c.

823 **Saxe-Neu Gotha.** Fried·ich III. *Dopp-Groschen* sur sa mort. Buste
et légende. F.d.c.

824 **Saxe-Saalfeld.** Franz. Josias. ¹/₆ *Thaler*. 1 ̷64. Buste et armoiries b.c.

825 **Saxe-Alt-Weimar.** Friedr. Wilhelm I u. Johann. 1602. *Thaler*. Bustes op-
posés. Rev. Armoiries. b.c.

826 **Saxe-Mittel-Weimar.** Joh Ernst et ses 7 frères. 1615 *Thaler* à 4 bustes
des deux côtés. t.b.c.

827 **Saxe-Altenbourg.** Johann Philipp et ses 3 frères 1625. *Thaler* Buste à
dr. Rev. Bustes des frerès. Cpz. Madai 1465. t.b c.

828 **Saxe-Henneberg** - Ilmenau 1693. ⁵/₃ *Thaler*. Poule et armoiries. Va-
riété de Cat. Schulth. 4655 avec D . G : et MONETA et 16 — 93. Rev.
avec ILMEN — AVIENSIUM t.b.c.

829 **Saxe A. L.** Moritz. 1547. *Ortsthaler* . MAVRICIVS : D : G : DVX :
SAXO : SA : R . O : IMPE . Armoiries et 1547. Rev. ✱ ARCHI : MAR-
SCHAL : ET : ELECTOR. Heaume. t.b c.

830 — Johan **Georg** I et **August**. 1615. *Thaler*. Buste à dr. Rev. Buste entouré
de 18 écussons. Reimm. 9202. t.b.c.

831 — Johann Georg I. 1619. ¹/₄ *Vicariatsthaler*. Le prince à cheval. Rev.
Légende t.b.c.

832 — 1629. *Thaler*. Buste cuirassé à dr. Rev. Armoiries Cpz. Reimm. 9210
t.b.c.

833 — 1630. *Thaler*. ¹/₂ *Thaler* et ¹/₄ *Thaler* en *mémoire du Jubilé de la
Confession d'Augsbourg*. Des deux cotés bustes. Var. de Reimm. 9209.
3 ps. Belles.

834 — 1655. *Thaler*. Buste cuirassé à dr. Rev. Armoiries. Cpz. Reimm. 9214
Beau avec petit trou retouché.

835 — Johan Georg II. 1657. *Vicariatsthaler*. Le duc à cheval. Rev. Légende.
Mad. 539. t.b.c.

836 — Johann George IV. 1693. *Thaler carré du tir* en mémoire de son élec-
tion comme Chevalier de l'ordre de la Jarretière. Madai 550. Très beau.

837 **Saxe. Eletcorat.** Friedr. Christian 1763. ²/₃ *Thaler* au buste et aux ar-
moiries b.c.

838 — **Xaver.** 1764. *Conventions-thaler* au buste à dr. Rev. Armoiries Cpz.
Reimm. 9260. Ar. Beau.

839 **Saxe. Royaume.** Friedr. August I. 1827. ¹/₆ *Thaler* sur sa mort. Buste
à dr. Rev. VOLLENDET etc. t.b.c.

840 — Friedrich Aug. III. 1774. *Thaler*. Buste et armoiries t.b.c.

841 — 1772. ³/₃ *Thaler*. Buste à dr. Rev. Deux armoiries sous une couronne
t b.c.

842 — 1790. *Vicariats-Thaler*. Buste et double aigle impérial. Beau.

843 — 1790. *Vicariats-¹/₃-Thaler*. Buste et aigle impérial. Beau.

844 — 1792. *Vicariatsthaler*. Buste à dr. Rev. Double aigle portant armoi-
ries. Sch. 532 Reimm. 4835. Beau.

845 — 1794. *Thaler*. Buste et armoiries entre deux palmes de lauriers t.b.c.

846 **Savoie.** Victor Amedeus II 1796. *20 Soldi* VICT . AMED . D . G . REX .
SARD. Buste à dr. dessous 1796. Rev. Armoiries DUX . SABAUD ·
— PRINC . PED ⊛ .—SOL . 20 t.b.c.

817 — **Charles Félix**. 1831. *2 Lire*. Buste et armoiries t.b.c.

848 **Schaffhouse** 1617. *Dicken* MO o NO o SCAFVSENSIS 1617. Armoiries Rev. ⊛ o DEVS ⚬ SPES NOSTRAEST o Double aigle b.c.

849 **Sicile**. **Philippe II**. 1559. PHILI — PPVS + D + Buste cuirassé à dr. coupant la légende, sous le buste + D + Rev. + × REX + SICILIAS + 1559 + Aigle éployé et couronné regardant à g. Dans le champs T — P *Belle pièce, fort rare ;* manque à Heiss.

850 — **Ferdinand II**. 1853. *Scudo de 120 Grani*. Buste et armoiries. t.b.c.

851 **Silésie** 1621. *Monnaie de nécessité de 3 Thaler* frappé par les princes ligues de la Silésie. * MONETA . ARGENTEA . SILESIE . III . TALERO Rev. Gravé »*Aus*" *der Verstei* = *gerung der 1ter Frauen* = *Ver* = *eins*. Cpz. Maill pl. CXII. 4. t.b.c.

852 **Silésie**. **Munsterberg-Oels**. **Carl Christian Erdmann** 1785. *Breslauer Thaler*. Buste à dr. Rev. Armoiries. t.b.c.

853 **Stolberg-Stolberg**. **Wolfgang George** 1625. *Thaler*. Var. de Knyph. 9948 avec 1—6—Z—5 Rev. avec HO . t.b.c.

854 — **Friedr. Botho** et **Carl Ludwig** 1764. ²/₃ et ¹/₃ *Thaler*. Armoiries et cerf. Knyph 7056 et 7058. t.b.c.

855 — **Christ. Friedr. et Jobst Christian** 1707 et 1720 *XXIV Mariengroschen*. Valeur et cerf. Knyph. 6980 et 6985 t.b.c. 2 ps.

856 — **Christ. Lunwig u. Friedr. Botho** 1743. ²/₃ *Thaler*. Armoiries et cerf. Cpz. Knyph. 7043. Beau.

857 — **Carl. Ludwig et Heinr. Christ. Friedr.** 1796. ²/₃ *Thaler*. Armoiries et cerf. Knyph. 7011. t.b.c.

858 **Stollberg-Wernigerode Ernst** et **Ludw. Christian**. 1672. ¹/₃ *Thaler*. Armoiries et cerf. Knyph. 6956. b.c.

859 **Strasbourg**. S.d. *Schilling* × GLORIA IN EXCELSIS DEO. Fleur de lis. Rev. * AR—GEN—TORA—TVM. Croix pattée coupant la légende. Beau.

860 **Suède**. **Jean III**. 1575. 2 *Öre de Stockholm*. IOHANNS 3 D . G. SWECIE . REX . Buste couronné à dr. entre 7—5. Rev. MONETA . NOVA . STOKHOLM, armoiries couronnées entre Z— O. Oldenb. n. 520. t.b.c. *Rare*.

861 — **Christine** 1614. *Riksdaler*. Buste à g. presque de face. CHRISTINA . D : G : SVE : GOT : WAN : Q : DE : REGI : ET . PR : HÆ. Rev. SALVATOR . MUNDI . SALVA . NOS . M . DC . XLIV. Variété de Oldenb. 1008¹/₃ t.b.c.

862 — **Gustave III**. 1776. *Riksdaler*. Buste et armoiries. Oldenb. 3107. Beau.

863 — **Oscar I**. 1857. *Rd. Riksm*, **Oscar II**. 1875. *1 Krona*. Bustes et armoiries. Belles. 2 ps.

864 **Tassarolo** **Livia Spinola Centurioni** 1666. *Luigino*. LIV . MA . PRI . SP . COM . T . SOW . DOM . Buste à dr Rev. + DNS . ADIVTOR . ET . REDEM . MEVS, armoiries couronnées entre 16—66. Variété de Rossi 4881. t.b.c. avec petit trou.

865 **Transylvanie**. **Gabriel Bethlen**. 1615. *Ducat* de **Clausenboug**. Buste en bonnet de poil à dr. Armoiries. **Or**. Belle pièce.

866 **Vénise**. **François Loredano. Doge**. 1752—1762. *Zecchine* FRANC . LAVRED. **Or**. Beau.

867 — **M. Antoine Justinien**. 1683—88. *Osella*. (ANNO I), avec vue du palais de St. Marc. Rossi 5392. b.c. troué et **Francesca Morosini** 1688—94. *Osella* ANNO II. Rossi 5403. t b.c. 2 ps.

868 — **Jean** II **Corner.** 1709—22. *Quarto di Ducato.* * S * M * V * IOAN * CORNEL * D . — * F . A . P * Beau.

869 — *République.* 1848. *5 Lire* avec XI AGOSTO MDCCCXLVIII. et *15 Centisimi.* Lion et valeur. 2 ps. Belles.

870 **Westphalie. Iérome Napoléon.** 1809. *Pièce de 20 francs* fr. à *Cassel.* Tête laurée à g. par *Tiolier.* Rev. avec 20-FRANK dans une couronne. Knyph. 4029 t.b.c.

871 — *20 Cent.* 1808, 10 et 12 Knyph. 4035, 6 et 37. *10 Cent.* 1810. Knyph. 4039. Monogr. et valeur 4 ps. Billon t.b.c.

872 — 1809 et 1812 ¹/₆ *Thaler.* Armoiries et valeur Knyph. 4072 et 4080. b.c. et beau. 1809 ¹/₁₂ *Thaler.* Monogr. et valeur. Knyph. 4085. t.b.c. et 1810. *Mariengroschen.* Knyph 4095. b.c. 4 ps.

873 — 1811 *Thaler.* Buste lauré à dr. Rev. Valeur. Knyph. 4053. t.b.c.

874 — 1812. Même pièce. Knyph. 4056. t.b.c.

875 — 1811 et 1812 ²/₃ *Thaler* au buste. Kn. 4065. b.c. et t.b.c. 2 ps.

876 — 1813 *X Thaler* fr. à *Brunswick* HIERONYMUS—NAPOLEON. Tête laurée à g. Rev. KOENIG VON WESTPHALEN FR. PR. Dans le champ : ❀ X ❀ — THALER — ✚ 1813 * — B. Knyph 9016 **Or** Beau.

877 **Wismar.** 1664. *Groschen* (¹/₄₈ Thlr) armoiries et globe impérial. t.b.c.

878 **Würtembourg. Charles.** 1888. *Zwei Mark.* Buste et aigle imp. Beau.

879 **Zong** (Canton). 1612. *Dicken.* Buste couronné de St. Oswald. Rev. Double aigle. a.b.c. et S. d. *Schilling.* au St. Wolfgang. Billon. b.c.

880 **Zürich. Canton.** 1788. *Demi Thaler.* Armoiries. Rev. Dans une couronne XXII | AVF I F . EINE | MARK | 1788. t.b.c.

881 — 1813. *Thaler* de *40 Batz.* Armoiries. Rev. Dans une couronne. DOMINE | CONSERVA | NOS IN | PACE | 1813. Beau.

Monnaies d'Outremer.

(Les monnaies sans indication du métal sont en argent.)

882 **Amérique.** (**Les Etats-Unis**). 1814. *Half Dollar.* Buste de la Liberté à g. entre 7 et 6 étoiles. Rev. Aigle avec écusson. Cpz. Fonr. 521. Beau.

883 — 1853. *Dollar.* Tête et valeur. **Or.** Beau.

884 — 1856. *Dollar.* **Or.** t.b.c.

885 — 1869. *Essai* d'un *Half Dollar* (50 Cents) *fr. sur flan bruni.* Buste diadémé de la Liberté à dr. Rev. Dans une couronne de chène et de lauriers **50** | **Cents**, à l'entour **Standard Silver** * **1869** *. Fonr 1245 F.d.c.

886 — 1869. *Essai* d'un *Quarter Dollar.* (25 Cents) *fr. sur flan bruni.* Buste de la Liberté à dr, au bonnet 2 étoiles. Rev. comme le no. précedent avec **25** | **Cents** et **Standard Silver 1869.** Fonr. 1250. Superbe.

887 — 1856. *Half Dollar* et 1892 *One Dime* fr. à **New-Orleans**. Fonr. 1995
1888. ¼ *Dollar* fr. à **San-Francisce**. Cpz. Fonr. 1484. Beau.

888 **Amérique**. *10 cents* 1814 (5 ps.) et 1830; *5 cents*. 1831; *One Dime* 1856
(3 ps) et 77. *Half Dime*. 1837 (2 ps.) 57, 59, 61. **Argentina** 1882 et 83.
20 centavos. 1883. *10 centavos*. **Chile**. Rép. 1879. *Medio Decimo*, **Columbia**
1884. *10 centavos*. 1881. 2½ *centavos*, **Hawaii Kadakaun** I. 1888. *One Dime*
au buste à dr. **Honduras** 1869. ½ *Real*. 1869 et 70 ¼ *Real*, 1870 ⅛ *Real*.
Mexique. Rép 1892. *10 centavos*, 1891. *5 cent*. **Lima** 1856. *cuartino*. Lot
intéressant de 30 monnaies.

889 **Amérique** (Etats-Unis). 1832. *50 cents*. (*Half Dollar*) et 1831. *Quarter
Dollar*. Buste à g. Fonr. 605 et 599 t.b.c.; **Chile** (République) 1855.
50 cents. Fonr. 9022. b.c. **Bolivia** (Rép.) 1858 *Medio Peso* (4 Sueldos-
Potosi) au buste de Bolivar. à g. Fonr. 9628. t.b.c. 4 ps.

890 — 1892. *Columbian*. *Half-Dollar* et Half-Dollar avec »In God we trust."
Belles.

891 **Argentina**. (República Argentina Confederado.) **Juan Manuel de Rosas
Dictator** 1846. *Medio Peso* (4 Réales) fr. à *Rioja* Montagne et trophée;
sur une banderole C. del G. R. Fonr. 10040. t.b.c.

892 — 1842. *Peseta* (2 Reales) fr. à *Rioja*. Buste du général à dr; dessous
ROSAS. Fonr. 10031. b.c.

893 — 1854. ⅛ *Real*. CONFEDERACION ARGENTINA ⊛ Armoiries Rev.
CRED . PUB . DE LA RIOIA . — S ? D . 1854 . B . Dans le champ
$\frac{1}{4}$
REAL. t.b.c.

894 — **Argentina**. (République). **Rio de La Plata** 1815. *Medio Sueldo* (⅛₆ Peso)
fr. à *Potosi*. Fonr. 10007. 1824. *Real*. Fonr. 10010. 1825 et 26 Peseta (2
Sueldos) Fonr 10013 . 17 . 18, frappés à *Rioja*. 6 ps. b.c.

895 **Cordova**. 1852. *Medio Peso* (4 Reales.) PROVINCIA DE CORDOBA.
Fonr. 10137 t.b.c. 2 *Réales* de 1845 et 46. Fonr. 10121 et 10129 b.c. 2 ps.

896 **Bahama**. (Iles). *Halfpenny* au buste de **George III** à dr. Rev. Mer avec
vaisseau à trois mâts. **Expulsis Piratis Restituta Commercica** Fonr. 7795
Cuivre b.c.

897 **Bolivia, République**. **Charles IV**. 1800. *Peso* (8 Reales) fr. à *Potosi*.
Buste et armoiries; avec PTS (monogr.) 8 R . P . P . Fonr. 9372.

898 — 1805. *Peso* fr. à *Potosi* avec 8 R . P . J . Fonr. 9381. Beau.

899 — 1808. *Toston* (4 Réales) fr. à *Potosi*. Fonr. 9386 t.b.c. troué. **Ferdi-
nand VII**. 1825. 2 *Réales* (Peseta) fr. à *Potosi*. Fonr. 9422 t.b.c. petit trou.

900 — **Charles IV**. 1808. *Réal* et ½ *Réal* (5 pièces). **Ferdinand VII**. *Demi Réal*
de 1821, 23, 25 (2 ps) et 26 fr à *Potosi*. Fonr. 9380, 90 9413, 24.

901 — **Charles IV**. 1797 et 1800 *Cuartino* et mèmes pièces de **Ferdinand VII** de
1808 1809. Fonr. 9366 et 94 t.b.c. 9 ps.

902 — **Ferdinand VII**. *Peso de 8 Réales* fr. à *Potosi* avec 8 R . I . L. Fonr.
9420 t b.c. et même pièce, variété. t.b.c. mais troué.

903 — 1830. *Sueldo* ⅛ *Peso* au buste de Bolivar à dr. fr. à *Potosi* Fonr.
9494. b.c. et 1854 et 1856. *Medio Sueldo* (⅛₆ Peso) au buste de Bolivar
à g. fr. à *Potosi*. 3 ps. var. Belles. Ensemble 4 ps.

904 — 1872. *Boliviano* fr. à *Potosi*. Fonr. 9731. t.b.c.

905 — 1868. *Tomin*. Tête du général Melgareja à g. dessous une branche
de laurier et une branche de palmier. * MELGAREJO * A POTOSI Y
TARATA. Rev: . POR LA DEFENSA. — DE LA CONSTITUTION. Lég.
int: EL | 24. Y 25 | DE | DICIEMBRE | DE | 1868 | Ar. Mm. 24. Gr. 5, 2
b.c. *Rare*.

906 — 1879. *20 Centavos* au buste du président **H. Daza** EL EJERCITO NAL .
AL PRESIDTE . DELA REPᴬ. 20 CET. Buste à g. dessous H. DAZA.
Rev. Armoiries. Beau.

907 — **Cochabamba** 1876. *5 Centavos.* **Pagara a lavista Nicasio de Gumucio.** Rev.
Lion couché dessous un arbre. t.b.c.

908 — **La Paz de Ayacucho.** 1868. *Tomin* (¹/₅ Boliviano ou 20 centavos) MONEDA
EMITIDA EN LA PAZ — 20 CENTs 1868. Condor entre C.—T. (Clemente
Torretti). Fonr. 9779. F.d.c.

909 — 1868. *Medio Real.* (5 centavos — ¹/₂₀ Boliviano) au même type Fonr.
9781. F.d.c.

910 **Brésil.** **Royaume.** **Joao** VI. 1819. *Patagon* fr. à Rio. Dans une couronne
960 — 1819 — ⚛ R ⚛ Fonr. 8544. Meili pl. LI. 3. t.b.c.

911 — **Empire.** **Pedro** II. 1857. *Patagon* (*2000 Reis*). Armoiries et légende.
Beau.

912 — 1865. *1000 Reis.* Meili pl. XX 48. et 1871, 78. *100 Reis.* (Nickel).
4 ps. Belles.

913 — *Chemin de fer de Parana.* Marque sexagone de *1000 Reis.* Av. E .
DE FERRO — DO — PARANA. Rev. FORNECIMENTOS — 1000.
Cuivre. Belle.

914 **California.** 1872. *Dollar*, ¹/₂ *Dollar*, 1875 ¹/₄ *Dollar.* 3 petites monnaies
octogones. **Or.** Belles.

915 **Cambodge.** **Norodom** I. 1860. *Essai en piedfort d'un franc* fr. sur flan
bruni. Buste du roi à g. par *C. Wurden*, devant le buste dans le champ
un E. Rev. Armoiries, dessous. UN FRANC. F.d.c.

916 **Canada.** **Louis XIV.** 1670 *5 Sols.* Buste lauré à dr. LVD . XIII . D . G .
(soleil) — FR . ET . NAV . REX . Rev. Ecusson couronné aux fleurs
de lis GLORIAM . REGNI . A . TVI . DIGENT . 1670 (petit bourg).
Leroux no. 251. Av. t.b.c. Rev. b.c. Rare.

917 **Caracas.** (Venezuela) **Ferdinand VII.** *Monnaie obsidionale de 2 Réales*
Armoiries entre F—7 et 2—2. Rev. Les colonnes entre 2 | PLV—SVL—
TR | B. | 1819—S | CARACAS | Fonr. 8004. Mailliet suppl. Pl. 23,
3 t.b c.

918 **Cartagena.** 1873. *5 Pesetas.* Monnaie obsidionale CARTAGENA SITIADA
POR LOS CENTRALISTAS — SETIEMBRE — 1873. Rev. REVOLUCION
— CINCO — PESETAS — ⚛ CANTONAL — . — t b.c.

919 **Chile.** *République.* **Charles IV.** 1790. *Cuartino* fr. à *Santiago.* S . CAROL.
. IV . D . G . HISP . RX . 1790. Buste à dr. Rev. Dans une couronne
l'écusson oval aux fleurs de lis de Bourbon, accosté des armoiries de
Léon et Castille. Cpz. Fonr. 9809. t.b.c.

920 — *Réal* de 1816 (Ferdinand VII); ¹/₂ *Réal* de 1798 (3 ps) et 1800 (Char-
les IV); *Cuartine* de 1814 et *Medio Decima* 1894. fr. à Santiago.

921 **Christiansborg.** (St. James). **Christian VI.** 1740. *Ducat.* Monogr. cou-
ronné. Rev. CHRISTIANSBORG . I . GUINEA . Vue de la forteresse;
dessous 17—40. Fonrob. 6105. **Or.** t.b.c.

922 **Costa-Rica.** **République.** *Monnaie obsidionale.* Sur un *Medio Peso* de
Columbia fr. à **Medellin** en 1882. on a contremarqué sur la tête les
montagnes et *Costa Rica,* Cpz. au revers le *lion* et *Habiltada por el go-
bierno.* t b.c. Rare.

923 — 1849. *Real.* Buste de femme. Rev. Arbre. Fonr. 7322. t.b.c.

924 **Cuba.** **Guanabacoa.** **Isabella II.** 1834. *Peseta* (2 Réales) de *proclamation.*
ISABELL II . D . G . REINA DE . LAS ESPAÑAS . 1834. Armoiries
couronnées. Rev. ANTONIO SANTALLA DE ELIAS . — GUANABACOA.

Armoiries de la ville entre 30 de — Marzo. Inscription sur tranche : DIOS CONSERVE LA REINA. Fonr. 7737 sans inscr. s. tranche. Beau.

925 **Demerary et Essequebo. George IV.** 1833. *Guilder.* Buste et valeur t.b.c.

926 **Ecuador. (République)** *Toston* (4 Réales) fr. à **Quito.** Buste de la Liberté et armoiries. Fonr. 8324. t.b.c. troué.

927 — 1893 ¹/₅ *Décimo de Sucre* fr. à **Lima.** Buste et armoiries. Beau et b.c.

928 **Guatemala. (République). Charles** IV. 1789. *Peso* de *8 Reales.* Buste lauré à dr. CAROLUS . IV . — DEI . GRATIA. 1789. Rev. armoiries . HIS-PAN . ET IND . REX . NG . 8 R . M . t.b.c. Rare.

929 — **Ferdinand** VII. *Peseta.* (2 Réales) sur la *Constituion de Cadiz* * LA CIUD. DE GUATEM. 24. DE SEPT. DE 1812. Armoiries Rev. * POR LA CONSTITUCION POLITICA DE LAS ESPANAS. Fonr. 7195. F.d.c.

930 — 1819 et 21 *Cuartino.* Lion et château entre G — ¹/₄ t.b.c. 2 ps.

931 — **Rafael Carrera.** Président 1862. *Medio Réal* au buste à g. Fonr. 7253. b.c. troué.

932 **Habana. (St. Christoph de la) Isabelle** II. 1834. *Réal de proclamation.* ELISABETH . II . HISP . ET . IND . REGINA . Armoiries couronnées de la ville Rev. ACCLAMATIO — AVGVSTA — VIII . FEB . MDCCC XXXIV — HABANA. Fonr. 7740. Beau.

933 **Haïti** *(République).* 1882. *50 Centimes* à la tête coiffée de la République par. *Roty C⁰. Laforestrie* REPUBLIQE * D'HAITI AN 79. — 835. MILL. 1882. 125 GRAM. et 1881. *20 centimes* du même type. 2 ps. Belles.

934 — **Jean Pierre Boyer** Président. (1830). AN 27. *Gourde* (100 Cent.) Buste à g. Fonrb. 7554. b.c.

935 **Hong-Kong.** 1899. *Dollar.* Beau ; et 1866 *20 cents.* (2 ps.) et 1867. *10 cents* au buste de Victoria. 4 ps.

936 **Indes Danoises. Frédéric** VII 1862. *20 Cents.* Buste et vaissean et 1859 *10 cents.* Buste et plantes. t.b.c. 2 ps.

937 **Indes Britanniques. Victoria.** *Queen.* 1840. *Rupee.* Buste à g. t.b.c. et 1878. (*Empress*). *Rupee* au buste couronné à g. Beau. 2 ps.

938 — **Ceylon. Victoria.** 1893. *10 cents.* **Strait Settlements.** Victoria. *20 cents* 1884, *10 cents* 1874, 78 et 91. Buste et valeur. 5 ps. Belles.

939 **Indes-Neerlandaises Occidentales.** 1794. *Essai d'un florin frappé en piedfort* MO : ARG : ORD : FŒD : BELG : TRAI. Armoiries couron-nées entre 1—GL dessous W. (West-Indië). Rev. HANC TVEMVR — HAC — NITIMVR. La Pucelle neerlandaise près d'un autel, tenant lance avec chapeau de la Liberté, dessous 1794. — Type de Verk. pl. 204. no. 2. Gr. 20.5 b.c. *Fort rare.*

940 **Indes-Neerlandaises Orientales. République Batave.** 1802. *Florin au navire* INDIE BATAVORUM Cpz. Verk. pl. 202. 1. t.b.c. y joint le ¹/₂ ¹/₈ et ¹/₁₆ florin au *même type.*

941 — **Guillaume** I. 1839 et 1840. *Florin* au buste à dr. Rev. Armoiries et NEDERLANDSCH INDIE. Cpz. Verk. pl. 203.1. 2 ps Belles.

942 — 1826. *Demi florin* au buste *fr. en essai, sur flan bruni.* Cpz. Verk. pl. 203.2. F.d.c.

943 — **Guillaume** III. 1854. ¹/₄ *Gulden* (25 Cent) ¹/₁₀ *Gulden* (10 Cent) et ¹/₂₀ *Gulden* (5 cent) *fr. en essai sur flan bruni.* Rev. Légende malaie. F.d.c. 3 ps.

944 — *2¹/₂ cent.* 1856, 57, 58 et *1 cent.* 1855, 56 *fr. en essai sur flan bruni.* Rev. Légende malaie. Cuivre. 5 ps. Belles.

945 **Indes-Portugaises.** 1898. *500 Reis fr. sur flan bruni.* 4ᵐᵉ fête séculaire de la découverte des Indes. Bustes accolés de **Carlos** I et **Amelia** CARLOS I REI E AMELIA RAINHA DE PORTUGAL. Rev. Croix cantonnée de 4 rosettes IN HOC SIGNO VINCES — 1498—1898. Lég. ext: 4⁰. CEN-TENARIO DA DESCOBERTA DA INDIA ⚜ 500 REIS ⚜ F.d.c.

946 **Indo-Chine-française.** 1886. *Piastre de Commerce.* 1885. *10 Centimes.* La Rép. assise et valeur et 1886. *1 Cent.* (Cuivre) t.b.c. et **Cochin-Chine française** 1879 20 centimes b.c. 4 ps.

947 **Japon Goyozei Tenno?** (Goyozei Empereur). **Oban Kin.** = *Grande plaque d'or* (10 Riyo) de forme ovale, avec inscription à l'encre ; en haut, en bas et sur les côtes des poinçons aux armes impériales (Kiri = fruits et feuilles du Paulownia-imperialis) au revers des poinçons aux Paulownia et autres. Comparez pour le type, de Villaret, dans la Revue Numismatiqe 1892 pl. XIII. 28. Or. Mm. 15,4/9.4 Grammes 165,50 *Conservation parfaite. Rare.*

948 — **Ninko Tenno.** *1ʳᵉ période Bunsei* 1818. *Shin-Bun-ji-ni Bu ban.* Pièce de 2 Bu portant le signe *Bun* de forme dite «Shin» c'est à dire de forme tout à fait correcte, régulière, carrée . de Villaret. Rev. Num. 1892 p. 385 ; pl. XV. 50. Gr. 6.5. **Or.** Belle.

948a — *Bunsei-ichi Bu.* Pièce de 1 Bu de Bunsei. de Vill. Rev. Num. 1892 pl. XV. 52. **Or.** gr. 3.27. Belle.

948b **Java.** 1766 *Roupie* fr. à **Batavia.** Netscher pl. III. 206 t.b.c.

949 — **Royaume de la Hollande. Louis Napoléon** 1811 ¹/₄ *Stuiver* (Demi Sou) au monogramme, *L. N ;* 1808 Dute avec ℞ (2 ps. variées) 1809 dute avec L. N. (2 ps. variées). 1810. *Bonk de deux sous* et **Guillaume** I. 1823 2 Sous avec *India Batav.* 7 ps. intéressantes en cuivre.

950 **Madras.** S.d. *Five Fanams.* Type de Thurston pl. XIV. 3. Beau.

951 **Maroc. Hasan Muley** 1299 = 1882. *Misqual ou Piastre.* Lég. arabe des deux côtés. — **Turquie. Mohamed** 1255 = 1839/40. *Piastre.* Lég. des 2 côtés. t.b.c. 2 ps.

952 **Mexiqué.** (Republica Mexicana). **Charles et Jeanne** 1521—56. *Peseta* CAROLVS . ET . IOHANA . REGES . Armoiries entre M — G. Rev. + HISPA NIARVM . ET . INDIARVM. Les colonnes couronnées entre PLV — SVL — VR. Var. de Fonr. 6210. Type de Heiss. pl. 27. 9 t.b.c.

953 — S.d. ¹/₂ *Peso* (4 Reales) : KAROLVS : ⚜ ET : IOhA N : Armoiries entre Ṁ — Ṁ Rev. hISPANIE : ⚜ : ET : INDIARUM : RE : Les colonnes couronnées entre PL⁴VS t.b.c. mais troué. Rare.

954 — **Phillippe** V. 1733. *Peseta* (2 Reales). Cpz. Fonr. 6283. t.b.c.

955 — **Ferdinand** VI. 1757. *Peseta* Fonr. 6333. Beau.

956 — 1758. *Toston* (4 Reales). Armoiries et colonnes. Heiss. pl. 53. n. 14. Fonr. n. 6337. Tranche fleuronnée. F.d.c.

957 — 1758. *Réal* et 1760. *Demi real.* Heiss pl. 53. 17 et 18. Fonr. 6345. F.d.c. 2 ps.

958 — **Charles** IV. 1789. *2 Réales de proclamation* fr. en cuivre. Fonr. 6412. Ae. t.b.c. troué.

959 — **Ferdinand** VII. 1808. *2 Réales de proclamation.* Armoiries et légende. Fonr 6479. Beau. et t.b.c. 2 ps.

960 — 1808. *Peso.* Cpz. Fonr. 6486. avec . M . 8R . T . H . t.b.c.

961 — *2 Reales* de **Charles** III. 1772 avec N . 2R . N . J . b.c. de **Ferdinand** VII. 1818 avec Z . 2R . A . G . a.b.c. **d'Augustin** I. 1823. (Fonr. 6563). b.c. 3 ps.

962 — **Maximilien.** Empereur. 1866. *Peso et Demi Pesso.* Buste et armoiries Fonr. 6703 et 6705. t.b.c.

963 — *République.* 1882. *Peso de 8 Réales.* ✳ 8R . M. 1882. M . II . 10Ds. 20 Cs. Beau.

964 — **Guadalaxara Ferdinand** VII. 1821. *Peso.* Buste à dr. Rev. Armoiries et GA 8 . R. F. S. Fonr. 6907. Ar. t.b.c. Rev. Beau.

965 **Neu-Guinea.** 1894. *5 et 2 Mark.* Avers un paradisier volant. Rev. NEU-GUINEA COMPAGNIE. Dans une couronne 5 | NEU-GUINEA | MARK | En ex. A. Belles. 2 ps.

966 **New-Foundland.** Victoria 1882. *50 cents.* Buste lauré à g. Rev. Valeur. t b.c.

967 **Nicaragua.** Ferdinand VII. 1808. *Réal de proclamation.* Buste à dr. Rev. PROCLA . EN . LA. N . C . DE . LEON . D . NICAR Ecusson entre 1—R Fonr. 7375. Troué. Av. usé Rev. b.c.

968 **Nueva-Granada** 1844 *Peseta* (2 Reales) fr. à **Bogota.** Fonr. 8101. b.c.

969 **Pérou.** George II 1745 *Half Crown* fr. à **Lima.** Buste à g. dessous LIMA Cpz. Fonr. 8900 (de 1746) t.b c.

970 **Pérou** *République.* 1835 *Peso de 8 Réales* fr. à Lima. Fonr. 9051 *contremarqué* à la poitrine de la Liberté avec V. II couronné, t.b.c. Rare.

971 — 1836 *Medio Peso* (4 Reales). Fonr. 9228 et 9229. 3 ps. variétées b.c.

972 — 1837 *Peseta* Fonr. 9233 b.c. et 1833 ½ *Real.* Fonr. 9218 t.b.c. 2 ps.

973 — 1855 *Peso de 8 Réales* fr. à Lima. Fonr. 9103. Beau.

974 — *Réal* 1861 et ½ *Réal* de 1856, 58, 60 et 61 fr. à *Lima.* Fonr. 9113, 16 et 25 . Belles. ps.

975 — 1880 *Cinq Pesetas* fr. à *Lima* à la tête de la Liberté couronnée de roses, de chêne, et d'épis. Rev. Armoiries. Beau.

976 — 1888 *Sol* de *Lima* (100 centavos). Armoiries et rev. La Liberté assise. Beau.

977 — **Arequipa.** 1838. *Peseta* Fonr. 9175 var. t.b.c. et *même pièce.* Fonr. 9176 b.c.

978 — **Cuzco** 1825. *Peso* au buste à dr. en uniforme de **Simon Bolivar.** SIMON BOLIVAR LIBa D COLOMB. Y DEI PERU. Rev. Les ruines du palais des Incas EL . CUZCO A SU LIBERTADOR — 1825 — Fonr. 9205. Beau.

979 — 1829 *Peso de 8 Réales.* Cpz. Fonr. 9207 t.b.c. troué. Date rare.

980 — 1838. *Peso de 8 Réales.* FIRME PORLA UNION . 10.D . 20.G . CONFEDERACION . M . S . Vue d'un château, vulcan, corne d'abondance, mer avec vaisseau etc. dans une couronne. Rev. REPUB . SUD PERUANA . — 8 R . CUZCO 1838. Soleil. Fonrob. 9238. Beau.

981 — **Lima.** 1862. *Demi Sol* de la municipalité de Lima en mémoire du 41me anniversaire de l'indépendance. LA INDEPENDA DEL PERU SF JURO EN 28 DE JULIO DE 1821.. Chapeau de liberté dans une couronne. Rev. LA MUNICIPALIDAD — DE LIMA — RATIFca ESE JARAMto — EN 28 DE JULIO — DE 1862. Mm. 30. Gr. 10,5. Beau.

982 — **Puno.** Ferdinand VII. 1808. *Peso de proclamation.* FERDINANDO . VII

. D . G ❀ OPTATO . PRINC . JURAT ❀ Armoiries de la ville entourées d'un trophée d'armes. Rev. Dans une couronne PVNO — HISPANIARVM — REGI — SEMPERFIDELIS — 1808. Tranche fleuronnée. t.b.c. avec 2 petits trous.

983 **Pondichéry** (Colonie française). *Double fanam.* Couronne et fleurs de lis. 2 ps. variées.

984 **Salvador** (République). **Ferdinand** VII. 1808. 2 *Réales de proclamation.* * A FERNANDO * VII * ANO * I * DE SU REINA * . 1808. Buste à dr. dessous P.(edro) G.(arcia) A (guirre). Rev. PROCLAMADO EN LA . N . C . DES . SALUADOR . EN GUATEM * Montagne, en exergue * 1808 * t.b.c.

985 **Sarawak**. **James Brooke Rajah**. 1863. *Cent*; et **C. Brooke Radjah**. 1870. *Cent.* Buste et valeur. Ae. t.b.c. 2 ps.

986 **Surat**. (Indes-Anglaises). 1825. *Roupie épaise* (Thick Rupee). fr. à **Bombay** (Marque monét: petite couronne). Cpz. Thurston pl. XVI. 5. Belle.

987 **Uruguay.** *République.* 1877. *Peso, 20 et 10 Centesimos.* Armoiries et valeur. t.b.c. 3 ps.

988 **Vera-Cruz. Orizaba. Charles** IV. 1790. *Monnaie de proclamation.* A CARLOS . IV . REY — DE ESPANA . Y — DE LAS YNDIAS. Armoiries. Rev. EN SU PROLAMACION ❀ et lég. inter. LAMUI — LEAL VILLA — D ORIZAVA — EN II . DE ABRIL — DE . 1790. Cpz. Fonr. 7044. Cuivre. Mm. 18,5. Rare.

MONNAIES

des provinces-unies des Pays-Bas, de la Rép. Batave, du royaume de Hollande et des Pays-Bas — de Brabant, Flandre, Hainaut. etc.

989 **Gueldre, Duché Rénaud** II 1326–43 *Denier* fr. à **Harderwijk** MON — ETA — DEH — ERD. Croix pattée coupant la légende v. d. Chijs pl. II. n. 17. b.c.

990 — *Gros.* fr. à **Roermond** ✠ REYNAL D : DVX : GELREN. Lion debout à g. à queue fourchue. Rev. MONE — TARV — RMVN — DENS. Croix coupant la légende, cantonnée au 2 quartier de la lettre R Variété de v. d. Chijs pl. II. no. 9. *Beau et rare.*

991 — *Denier à tête* fr. à **Harderwijk** ✠ REYN : DVX : GHELRI Tête à g. Rev. MON — ETA — DEH — ERD. Croix coupant la légende v. Chijs pl. III. 20. b.c.

992 — **Edouard.** *Duc.* 1361—71. *Double gros au lion heaumé* fr. à *Arnhem.* (Botdrager) ✠ MOHETA ❀ ARNIMENSIS v. d. Chijs pl. V. 2 t.b.c. et b.c.

993 — **Marie de Brabant** (Veuve de Rénaud III). 1361—99. *Florin d'or* fr. dans son château **d'Oyen** en Limbourg MARIA : DVE — IS : GELREN' v. d. Ch. pl. VI. 1 **Or.** Beau.

994 **Guillaume I.** (*avant la succession de Juliers*) 1377—93. *Demi-gros* fr. à *Arnhem.* Var. de v. d. Chijs pl. VII. 13 avec ARNEMENS b.c.

994a— *Florin d'or d'Arnhem.* WILH . DV✠ . G — ELR . ✠ COH . A Le duc à demi-figure sous un dais, dessous écusson. Rev. BENEDICT : etc. Deux écussons dans un compartiment à six lobes. v. d. Ch. pl. VI. 1 **Or.** t.b.c.

995 — **Rénaud IV.** 1402—23. *Double gros* fr. à **Arnhem.** REINALD : DV✠ : IVL . Z . GEL . Z . CO . 3. Deux écussons sous une heaume. Rev. ✠ MONETA . NOVA : DE : AERNEMENS : Croix cantonnée de 2 aigles et de lions. v. d. Ch. pl. IX. 14. Beau.

995a— *Florin d'or au St. Jean.* ✠ DV✠ . REINALD' . IVL . Z . GEL . Z . COMIS . 3 . Quatre petits écussons dans une quadrilobe. Rev. St. Jean debout. Cpz. v. d. Ch. pl. VIII. 3. **Or.** t.b.c.

996 — **Arnold.** 1423—73. *Double gros* aux armoiries de Gueldre remplissant tout le champ. ✠ ARNOLD' : DV✠ : GELREN . ZIVL . ZCOMES : 3' Rev. ✠ MONET — A : NOVA : GELRE — NSIS : Croix pattée coupant la légende cantonnée des lettres N(ymegen) R(oermond) S(utphen) et A(rnhem). v. d. Ch. pl. X. 13. *Beau et rare.*

997 — *Double gros à l'écusson heaumé* fr. à **Arnhem.** DV✠ . ARNOLD' . GEL Z . IVL . Z . COS . D . 3. Ecusson incliné tenu d'une heaume couronnée. Rev. MONETA — NOVA . D . — AERNE MENSIS . Croix coupant la légende, au centre écusson d'**Arnhem.** v. d. Chijs pl. XI. 18. b.c. Rare.

998 — *Quart de gros d'Arnhem.* ✠ MONETA ⁙ NOVA ⁙ AER-NEMENSI. Var. de v. d. Chijs pl. X. 12 avec une petite tréfeuille entre les deux écussons de l'avers. t.b.c. **Rare.**

999 — **Charles d'Egmond.** 1492—1538. *Rijdergulden.* (Cavalier d'or.) Cavalier et armoiries. Var. de v. d. Chijs pl. XV. 9. t.b.c.

1000 — *¼ Gros.* (Oordstuiver) ✠ KAROL' ✶ DV✠ ✶ GELR' ✶ IVL ✶ Ecusson aux armoiries de la Gueldre. Rev. MO'N — GEL' ✶ ✶ IVL' ✶ CO' ✶ 3' ✶ Croix coupant la légende, cantonnée de G — E — L — R' Var. de v. d. Ch. pl. XVII. 34. Billon. *Beau et rare.*

1001 — S.d. *Sou* (Stuiver) Cpz. v. d. Ch. pl. XVII. 26. t.b.c.

1002 — S.d. *Snaphaan.* (¼ Rijksdaalder) frappé à **Roermond,** dessous le cavalier petit écusson de Roermond entre ❀ G — I ❀ Var. de v. d. Ch. pl. XVIII. 42 avec IVDIC — IA ⚘ t.b.c.

1003 — **Philippe le Beau**. 1488 *Dubbele Stuiver*. (Gros) frappé à **Bommel**
✠ MON' × DVCIS ⊛ GELRIC × E(TCO)MIT' ⊛ ƷVT'
Ecusson aux 4 lions dans un grénetis. Rev. REFORMACIO ×
GVERRE . . . EST × 88. Croix fleuronnée dans un grénetis, au
coeur la lettre B . Compz. v. d. Chijs. pl. XIV. I b.c Rare.

1004 — Majeur. 1492—1506. *Zilveren oord* ($^1/_4$ Sou) PHS × ARC(hI)
DV✶ × A × V × BG × Z GE. Armoiries Rev. × IN × NO —
MINE — DOMI — NI × A × Croix pattée cantonnée de 4
fleurs de lis. Cpz. v. d. Chijs pl. XV. 10 b.c. *Extrêmement rare.*

1005 — 1492. *Stuiver of Braspenning*. (Briquet) fr. à **Malines** ✚ PHS ×
ARChIDV✶ × AVSTRIE × BVRG Z GEL. Lion
avec armoiries. Rev. Croix fleuronnée, en coeur petit écu de Malines
Var. de v. d. Chijs. pl. XIV. 4. t.b.c.

1006 — **Guillaume** II. 1538—43. $^1/_4$ *Daalder* ($^1/_4$ Ecu). Buste à demi-figure à
g. avec bonnet tenant épee et une fleur ⊛ GVIL' ⊛ D' ⊛ G' ⊛ DVX'
⊛ IVLI ⊛ GELRI ⊛ CLIVI' ⊛ AC ⊛ MON ⊛ CO fleur — lég. int :
MAR × ZVT Z × I × RA — D × A . RAVE (*Guielmus Dei Gratia Dux
Juliaci, Gelriae, Cliviae ac Montium, Comes Marchae; Zutphaniae, et
in Ravensberg, Dominus ab Ravensteinio*). Rev. IN ⊛ DEO ⊛ — SPES
⊛ MEA. Armoiries heaumées. Variété de v. d. Chijs pl. XIX. 2. de
Madai 3788. t.b.c. **Rare**.

1007 — **Charles** III de **Lorraine**. Prétedent 1555—1608. *Teston*. ⚇ CARO :
D : G : CAL : LOTA : B : GEL : DVX. Buste à dr. Rev. ⚇ MONETA .
NOVA . NANCEI . CVSA. Armoiries. v. d. Chijs pl. XXIII. 21. Var. de
de Saulcy pl. XXI. 4. Beau.

1008 — **Philippe** II. 1557. *Ecu* au buste à g. et au titre de *roi d'Angleterre*.
(Filipsdaalder). Rev. Armoiries. v. d. Chijs pl. XXV. 9. t.b.c.

1009 — *Même pièce contremarquée* en 1573 à *l'écusson contourné de la
Hollande*, derrière la tête. Cpz v. d. Ch. pl. XXV. 9. Mailliet. pl. LII.
5. t.b.c. Rare.

1010 — 1561. *Ecu Philippe* au buste à g. plus vieux, que v. d. Chijs pl.
XXV. 10 et *contremarqué* (en 1573) par les *Etats de la Zélande* à l'écus-
son de la Zélande. t.b.c. Rare.

1011 — 1563. *Ecu Philippe* au buste à dr. Variété de v. d. Ch. pl. XXV. 12
avec 15 ✕ 63 et cercle intérieur au revers t.b.c.

1012 — 1564. *Demi Ecu Philippe*. PHS D : G . HISP . Z . REX . DVX .
GEL . 15 ✚ 64. Buste à g. Rev. |DOMINVS . MIC — HI — ADIVTOR
✚ Variété de v. d. Ch. pl. XXVI. 17. t.b.c.

1013 — *Ecu à la croix de Bourgogne* (Kruisdaalder). Var. de gravure de
v. d. Chijs pl. XXVII. 32 avec seulement 5 fleurs de lis dans les ar-
moiries. Beau.

1014 — 1568. *Demi Ecu à la croix de Bourgogne*, Cpz. v. d. Chijs. pl. XXVII.
33. Beau. Rare.

1015 — S.d. $^1/_{10}$ *Ecu Philippe* PHS . D . G . HISPANIA . REX . DVX .
GELR ✚ Buste à dr. Rev. DOMIN — MI — HI — ADIVT. Var. de v.
d. Ch. pl. XXVI. 19. t.b.c.

1016 — *Mêmes pièces* de 1563, 64, 65, 66 et 67 et 71 v. d. Ch. pl. XXVI. 22,
pl. XXVII. 24 et 26 et 29 6 ps. t.b.c.

1017 — **Province**. *Rosenoble*. . MON — ETA . NOVA . AV . DVC . GELRLE .
COM. 3 ✚ — . . Vaisseau dans lequel un chevalier couronné et
armé tenant l'écusson de la Gueldre Rev. ✚ DEVS . TRANSFERT .

ET . CONSTITVIT . REGNA. Soleil à 16 rais, 4 lions couronnés et 4 fleurs de lis. Verkade pl. 1. 3, de Voogt pl. III no. 20. b.c. Rare.

1018 — 1616. *Ecu au lion.* (Leeuwendaalder). Verk. pl. 11, 1. de Voogt 167 t.b.c.

1019 — 1619? *Ecu au lion.* Type de Verk pl. 11, 1. b.c.

1020 — 1667 *Ducaton* (Cavalier d'argent) MO . NO . ARG . PRO . CON— FOE . BELG . D . GEL . C . Z. Type de Verk. pl. 4. n. 3. de Voogt n. 303. t.b.c.

1021 — 1674 *Ducaton* Type de Verk. pl. 4.3. Var. de de Voogt 314 avec MO . b.c.

1022 — 1679 *Ducaton* MO . NO . ARG . PRO . CON — FOE. BELG . D . GEL . C . Z. Rev. CONCORDIA . — RES PARVÆ — CRESCVNT . 16—79.
Onbeschreven variant van Verk. pl. 4 n. 3 met gestreepte binnenlijnen, en de 7 van het jaartal 1677 veranderd in een 9. Niet bij de Voogt. t.b.c.

1023 — 1708 *Rijksdaalder.* (Ecu à l'homme debout tenant écusson de la province). Var. de Verk. pl. 10. 2 de Voogt n. 384. b.c. Date rare.

1024 — 1721 *Florin* avec I—G et FOE — ET . C . Z . Type de Verk. pl. 14.2 de Voogt n. 417 t b.c.

1025 — 1764. *Pièce de 3 florins.* MO : ARG : ORD : FOE : BELG : D : GEL : & : CO : Z : Armoiries entre 3 — GL . ✿ Var. de Verk, pl. 14.1. De Voogt n. 520. t.b.c. Rare.

1026 — **Villes. Nimègue.** S. d. *Thaler au St. Etienne.* DNE' * NE * STATVAS — ILLIS * Hⁿ * PECCA. St. Etienne agenouillé à dr. entre S — S. Rev. NVMVS * ARGEN * REIPVBLICÆ * NOVIMAGIEN. Armoiries. v. d. Chijs. pl. III. 27.

1027 — *Florin d'or au St. Etienne* ✠ MONΘTA ○ NOVA ○ AVRΘA ○ NOVIMAG' Double aigle avec écusson en coeur. Rev. SCS ○ STΘPHAN — PROTHOMR — (M R en monogr.) o St. Etienne debout. Var. de v. d. Ch. pl. 1. 2. de Voogt 27. Or. t.b.c.

1028 — 1563. *Daelder.* Ecu au lion portant l'écusson de la ville. NA * KO' * PHS' * PENIN' * G' * GEHAL' * DAL' * V' * XXX * STV'. Rev. Double aigle imp. au coeur écusson au lion. DER * STADT * NIMEGEN * MVNT * INT * IAER * 1563. Cpz. v. d. Ch. pl. IV. 35 de Voogt 52ᵇ. b.c.

1029 — **Zutfen.** 1480. *Albus* frappé par **Henri comte de Schwarzbourg, évêque de Munster.** ✠ MON' ✪ NOVA — ƷVTPHANΘ' Ecusson au lion de **Schwarzbourg** dans un grénetis, dessous incliné à dr. petit ecusson de **Zutfen.** Rev. A' ✪ M — CCC — C ✪ L — ✳✳✳. Croix fleuronnée coupant la légende, au centre écusson de Gueldre. Cpz. v. d. Chijs pl. VI. 1. t.b c. avec petit morceau ébréché au marli. Rare.

1030 — 1479. *Demi Albus* comme le n° précedent ✠ MONΘ' ✪ NOVA — ✪ ƷVTPHANΘS. Rev. AN' ✪ D' — M ✪ CC — CC ✪ L — ✳✳I✳. t.b.c *Inconnu à v. d. Chijs.* Rare.

1031 — 1605. *Demi Escalin à la rose* («Halve Roosschelling"). Verk. pl. 26.4. b.c. Rare et même pièce. a.b.c.

1032 — 1688, 89 et 90. *Escalin des Etats.* Verk. pl. 26. 5. Beau, b.c. et t.b.c.

1033 — **Arnhem.** S.d. *Oortstuver* (Demi gros) * CO'CΘSSA ○ MATRICI ○ ΘCCΘ' Dans le champ M gothique. Rev. MONΘTA ○ AΘR- NΘMΘNS petit aigle. Croix fleuronnée. v. d. Chijs pl. VII 3. t.b c.
Petite monnaie rare frappée par l'église paroissiale d'Arnhem.

1034 — S.d. *Petite monnaie* .... NOVA . AERNEM. Ecusson de Gueldre dans un grénetis. Rev. ✠ IN — NOII — INED — (OHI). Croix coupant la légende cantonnée des lettres. A — E — R — N. v. d. Ch. pl. VII.4. b.c. Rare.

1035 — S. d. *Demi Sou* au titre de **Philippe** II. d'Espagne. Rev. MON — NOVA — ARN — EME. Verk pl 37.6, b.c.

1036   **Bommel.** (Zalt-Bommel) 1599 *assiégée par les Espagnols. Daalder* (Ecu obsidional) DVR.E ❀ NECESSITATIS ❀ OPVS ❀ Armoiries. Château à trois tours). Rev. ❀ MONETA — NOVA FACTA — BOEME ❀ Armoiries de la ville. Variété de Verkade pl. 36 n. 1 et de Mailliet Supp. pl. 18 n. 1 t.b.c. Rare.

1037 **Seigneuries. Batenbourg.** Guillaume de Bronckhorst 1557. *Daelder à l'écusson heaumé* (Gehelmde Daelder) GVIL. * DE * BRONC * LIB — BARO * BATENBO (pomme de grenade). Armoiries heaumées entre 15 — 57. Rev. CAROL * V * ROMANO * IMPE * SEMPER * AVGVS-TVS. Double aigle couronné. Var. de v. d Chijs pl. XI. 22. de Voogt n. 17. t.b c.

       Les Ecus heaumés de Guill. de Bronckhorst avec la date sont très rares.

1038 — S. d. *Demi Ecu au lion* au titre de l'empereur Ferdinand FERDI-NAN ∴ ROMA ∴ IMP ∴ SEM ∴ AVGVSTVS. Double aigle impérial, au coeur armoiries de Bronckhorst — Batenbourg. — Rev. DA * PACEM * DOMINE * IN * DIEBVS * NOSTRIS. Lion couronné debout à g. Compz. v. d. Chijs pl. XIII. n. 36 b.c. *Fort rare.*

1039 — S. d. *Pièce de 3 Kreuzer.* MONETA . NOVA ARGENT . D . BAT. Les écussons de Batenbourg, Bronckhorst et Stein. Rev. FERDI . ROMA . IMP . SEM . AVGVST. Double aigle imp. ayant au coeur globe avec 3. v. d. Chijs pl. XV. 55. Argent. *Très rare.* (Voir v. d. Chijs. texte p. 185).

1040 — S. d. *Breite groschen.* (Pièce de 12 Kreutzer) ✠ MONE(TA.) NOVA * ARGEN * BATENB. Ecusson au lion couronné debout. **à gauche**. Rev. FERDIN * D * — G * (IMP)ERA. Double aigle couronné ayant au coeur globe avec B G *Vraisemblablement unique.* b.c.

       De cette pièce van der Chijs dit. pag. 182 qu'il n'a jamais rencontré une exemplaire il nous donne une gravure d'une telle pièce d'après l'ouvrage de Berg. sur la planche XIV. 49, mais là le lion est debout à droite.

1041 — **Berg** ('s-Heerenberg). **Frédéric** III. 1387 — 1416. ½ *Groot* (Demi Gros) FREDERICVS : DOMINVS : BERG' Deux lions debouts, entre un heaume. Rev. MONET — A . NOVA — DE . BER — GENSIS . Croix coupant la légende, cantonnée de A — S — B — N . Var. de v. d. Ch. pl. XVI. 3. Serrure pl. I. n. 8. b.c. Rare.

1042 — **Guillaume** IV. 1546 — 68. S. d. *Daelder au buste de St. Oswald* fr. à **Hedel.** Rev. Lion tenant écusson de 's-Heerenberg. Var. de v. d. Ch. pl. XIX. 19 ave ARGEN' * 30 * STVE' b.c.

1043 — 1558. *Mariengroschen* (Gros à la Madone). * AVE * MARIA — * GRA * PLE * La Madonne avec l'enfant Jésus debout. Rev. MON' o NO o COMI' o DE o MONT 1558. Ecusson au lion. Var. de v. d. Chijs pl. XXII. 34 b.c. Rare.

1044 — **Frédéric de Berg.** 1577 — 80. S. d. Sou. (Stuiver) FRE — C . D . M . — . B . I . H . — . B . H . D . Serrure n. 87. b.c.

1045   **Herman Frédéric de Stevensweert.** *Peerdeke* (¼ Snaphaan). Var. de v. d. Chijs pl. XXII. 26. Deux var.

1046 **Hollande Comté**. **Guillaume V de Bavière** 1346—59. *Chaise d'or* (Klinck-
aert) + GVILLELM ꞉ DV✳ × — × COM' × — × HOLAND'
× Z × ꝪEL' Le duc assis dans un dais gothique tenant épée et
écusson de Bavière-Hollande. Rev. Croix fleuronnée ✠ ✳PCI' ꝏ
etc. v. d. Chijs. pl. V. 4 **Or** t.b.c.

1047 — *Florin d'or* au comte debout. GVILL' * DV✳ — * — COMES
* HOL' Le duc debout entre le lion de la Hollande et l'écusson de
Bavière. Rev, ✠ FLO RINI × DE × HOLAND' × Z × ꝪEL'
Armoiries de Hollande-Bavière v. d. Ch pl. V. 8 t.b.c.

1048 — *Gros Tournois* (Toursche groot) ✠ WIL'HEL × MVS DV✳
et lég. ext: après un petit lion de la Hollande à g. BHDICTV : etc.
Rev. ✠TVRONV . S . CIVIS . Cpz. v. d. Chijs pl VI. 22.
Rare t.b.c.

1049 — *Double gros.* (Botdrager) v. d. Ch. pl. V. 9. t.b.c.

1050 — **Philippe le Beau.** 1499. *Double Sol.* v. d. Ch. pl. XXII. 27.

1051 — **Philippe** II (III). 1562. *Ecu Philippe* au buste à g. PHILIPPVS : D :
G : HISP : REX : COES : HOL ⊕ 6 Z. Rev. DOMINVS — MIHI . —
. ADIVTOR . Cpz. v. d. Ch. pl. XXX. 20. t.b.c. *Date rare.*

1052 — 1567. *Kruisdaelder.* v. d. Ch. pl. XXXIII. 57. b.c.

1053 — 1568. *Demi Ecu à la croix de Bourgogne* ($\frac{1}{2}$ Kruisdaelder). Ar-
moiries et croix de Bourgogne. v. d. Ch. pl. XXXIV. 61. b.c. Rare.

1054 — S. d. *Demi Ecu Phillippe.* (Halve Filipsdaalder). Buste à dr. Rev.
Armoiries. *Variété intéressante* de v. d. Chijs pl. XXXIX n° 50 avec
PHILIPPVS et G : HO—L . ⊕ . t.b.c.

1055 — *Même pièce.* Cpz. v. d. Ch. pl. XXX. 23 avec : PHILIPPVS : b.c.

1056 — *Même pièce.* Type de v. d. Ch. pl. XXXIX. n. 50. avec CO : HOL . b.c.

1057 — S. d. $\frac{1}{5}$ *Ecu Philippe.* Buste à g. Rev. Armoiries. v. d. Chijs. pl.
XXXI. 30. t.b.c. 2 ps.

1058 — 1571. $\frac{1}{5}$ *Ecu Philippe* au buste à dr. *contrémarqué* en 1573 *par les
Etats, à l'écusson au lion de la Hollande,* derrière la tête. Type de
v. d. Ch. pl. XXXI. 34. Cpz. Mailliet pl. LI. 4. t.b.c

1059 — 1572. *Même pièce, même contremarque.* Type de v. d. Chijs pl.
XXXI. 35. Cpz. Mailliet pl. LI. 4. b.c.

1060 — (1573). *Grosso d'Ecole II d'Este, duc de Reggio, contremarqué* en
1573 par placard du Stadhouder Guillaume de Nassau *à l'écusson de
la Hollande* b.c. Rare

1061 — (1573.) *Même contremarque* sur un *Grosso de ss. 8 au St. Ambroise
de* **Charles** V pour **Milan.** Cz. Rossi 2541 t.b.c. Rare.

1062 — (1573.) *Même contremarque* sur un *Demi Ecu* de 1568 de **Gérard de
Groebeek** évêque de **Liège.** (Type de de Chestr. pl. XXXV. 515) t.b.c. Rare.

1063 — **Province** 1601. *Escalin à la rose* Verk. pl. 56.1 b.c.

1064 — 1672. *Ducaton frappé en piedfort* à **Dordrecht** MO : NO : ARG :
CONFCE—BELG : PRO : HOLLAND. (petit écusson de Dordrecht). Le
chevalier en galop au dessus de l'écusson couronné de la Hollande.
Variété de Verk. pl. 41.4 avec heaume panaché. Rev. ⊕ CONCOR-
DIA — RES PARVE — CRESCUNT. Armoiries couronnées tenues de
deux lions, dessous dans un cartouche 1672. Variété de Verk. avec la
couronne et l'écusson d'or. Gr. 66 *Superbe. Rare.*

1065 — 1673 **Quintuple Ducat** frappé *dans la Monnaie à Amsterdam pendant
l'invasion des Français.* CONCORDIA . RES — PAR CRES : HOL.
Chevalier debout entre 16—73. Rev. MO . AVR — PROVIN — CON .

FOE — BELG AD — LEG IMP. dessous les armoiries de la ville
d'Amsterdam. Sur la tranche ⊛ D : GEDACHTENIS . V : D : MUNTE .
V : AMSTERDAM. Cpz. Verk. pl. 40.1 ; texte n. 223d. Mailliet suppl. pl.
3 n. 1. **Or**. Gr. 16.5 F d.c. *Extrèmement rare*.
    Dans le cabinet Rijnbende le quintuple ducat (de 16 gr.) fut vendu pour
fl. 86.— sans les frais.

1066 — 1680. *Drie gulden met den grooten leeuw*. (Epreuve pour une pièce
de trois florins avec le lion remplissant tout le champ). MONETA
ORDINVM HOLLANDLE 1680. Lion debout à g. Rev. VIGILATE DEO
CONFIDENTES. Ecusson couronné au lion, entre 3 — G. Verk. pl.
50.1. F.d.c. et *fort rare*.

1067 — 1687. *Pièce de 2 florins à l'écusson au lion* HAC : NITIMVR —
HANC : TVEMVR. La Hollandia debout. Rev. MO : NO : ARGENT :
COMIT : HOLL' 1—6—8—7. Cpz. Verk. pl. 51.2 t.b.c.

1068 — 1749 et 51. *Pièce de X Sous*. Verk. pl. 54.2. Belles. 2 ps.

1069 — 1759 ¼ *Florin*. 2 ps. Belles.

1070 — 1776. Escalin au navire (Scheepjesschelling) frappé en **Or**. Varieté
de Verk. pl. 55.6 avec CONFIDENTES. **Or**. gr. 7. Beau.

1071 — 1793. *Florin* avec I—G. Type de Verk. pl. 53.3. F.d.c.

1072 — 1794. *Florin* avec I—G. Type de Verk. pl. 53.3. Beau.

1073 — **Leyde** *assiégée en 1574 par les Espagnols. Obsidionale ronde de 20
Sols frappé en papier*. PVGNO ' PRO ' PATRIA 1574. Sous une cou-
ronne, un lion tenant glaive et bouclier aux armoiries de la ville.
Rev. Dans une couronne de lauriers . LVG — DVNVM — . BATAVO.
— RVM. Cpz. Mailliet pl. LXXI n. 3. v. Loon éd. fr. I p 179. n. 1·
Papier. Beau. La pièce est contremarquée à l'avers à l'écu au lion de
la Hollande.

1074 **Westfrise. Province.** 1596. *Gehelmde Rijksdaalder*. (Ecu au buste nu
et à l'écusson heaumé) DEVS ⚔ FORTITVDO + ET + SPES + NOSTR—A +
1596 + Rev. MONET + NO + ARG + DO— MI + WESTFRISLE. Type de
Verk. pl. 63.3. t.b c.

1075 — 1619. *Rijksdaalder met den halren man*. (Ecu au buste lauré tenant
l'écusson de la province). Var. de Verk. pl. 64.3 avec PRO . — CONFOE
BELG . WEST — FRI. b.c.

1076 — 1620. *Même pièce*. Verk. pl. 64.3. t.b.c.

1077 — 1621. *Même pièce*. Verk. pl. 64.3. t.b.c.

1078 — 1659. *Même pièce que le n° (1075)*. Verk. pl. 64.3 var. t.b.c.
Date rare

1079 — 1666. *Ducaton*. Variant van Verk. pl. 61.1 met kleiner kroon op de
keerzijde en gestreepte binnencirkels. t.b.c.

1080 — 1676. *Double Sou* (2 Stuyvers) avec écusson entre B—P. Verk. pl.
74.5 et 1678. *Sou*. Ecusson entre I—S. Verk. pl. 74.8. 2 ps. t.b.c.

1081 — 1678. *Escalin au navire* (Scheepjesschelling). Verk. pl. 72.4. t.b.c. 3 ps·

1082 — 1760. *Ducaton*. Type du Demi-Ducaton de Verk. pl. 62.2. Marque
monét: un coq d'après WESTF. Beau et rare.

1083 — 1762. *Florin*. Type de la pièce de 3 fl. de Verk. pl. 69.4. t.b.c.

1084 — 1790. *Demi Ducaton*. Verk. pl. 62.2. b.c.

1085 — 1791. *Florin*. HAC NITIMVR — 1791 — HANC TVEMVR. Av. comme
Verk. pl. 70.1. Rev. de pl. 70.2. Beau.

1086 — 1792. *Pièce de 3 florins*. Var. de Verk. pl. 69. 4. Tranche cordonneé.
Belle.

1087 — *Double Sol* de 1726, 33, 36, 44, 47, 49, 51, 52, 54, 55, 58, 59, 60, 62, 66, 67, 68, 69, 71, 72, 73, 74, 77, 84, 85, 86, 87, 88, 89, 90, 91, 92 et 94. Type de Verk. pl. 75, 4. Lot intéressant de 33 pièces.

1088 — 1677, 78 *Double Sou.* (Verk. pl. 74.7); 1658. Dute aux 3 écussons. (Verk, pl. 75.8), 1658. *Dute* (type de pl. 75.7). Date rare; Dutes de 1739, 42, 51 et 80. Verk. pl. 76, 4 et 7. Dute de 1750 avec ✠; et Dute avec l'écusson des deux côtés. Lot intéressant. 2 ps. arg. 8 ps. Ae.

1089 **Zeelande. Province.** 1602 $^1\!/_3$ *Daalder* (Pièce de 20 gros) SI . DEVS . NOBISCVM . QVIS . CON . NOS. Double aigle avec petit écu de la Zélande. Rev MONETA . ARGEN : (20); ORDIN . ZEELANDIA . tour. Armoiries comme le rev de Verk. pl. 89.1 b.c. Var. de Verk. pl. 89.2.

1090 — 1661 *Ducaton.* Type de Verk. pl. 81.1 avec COM : ZEL . et CONCORDIA : — RES : PARVÆ : CRESCUNT : 1661 : t.b.c.

1091 - 1672 *Hoedjesschelling.* (Escalin au chapeau) ITA RELINQVENDA . UT ACCEPTA. Lion couché tenant lance avec chapeau. Verk. pl. 93.1 var. Mailliet pl. CXXX. 1 t.b.c v. Loon éd. fr. 111. p. 86.

> Monnaie fr. à Middelbourg en 1672 avec la vaisselle des Zélandais, pour subvénir aux frais pour la défence du pays contre les Français et à la levée d'une armée.

1092 — 1683. *Escalin au chapeau contremarqué au revers, du faisceau de flèches* Var. de Verk. pl. 93.2 sans cercle intér. à l'avers ITA . RELINQVENDA : UT : ACCEPTA . Rev. Deux pointes entre les mots et le lion à queue fourchue à gauche t.b.c.

1093 — 1753 *Escalin au navire* fr. *en piedfort* (Scheepjesschelling in dubbele zwaarte geslagen) Var. de Verk. pl. 93.4 sans pointes entre les mots de l'avers. Rev. avec. MON . NOV . ARGEN . ORDIN . ZEELAND. et 6 — ST . Le lion à la queue fourchue à dr. Gr. 8.5 t.b.c.

1094 — 1754. *Dute avec LUCTOR ET EMENTOR* . Verk. pl. 96.3. Revue Belge 1900 pl. VII. 4 Cuivre. Belle.

1095 — 1758. *Dute* fr. *en argent* Type de Verk. pl. 96.3 mais avec EMERGO et ZEELAN—DIA. Belle.

1096 — 1757. *Rijksdaalder met den staanden man.* (Ecu de chevalier debout) tour. MON . NO . ARG . PRO . CONFŒ—BELG . COM . ZEL. Verk. pl. 86.4. *Frappé sur flan bruni* Très beau.

1097 — 1777. $^1\!/_8$ *Rijksdaalder* au même type Cpz. Verk. pl. 87.4. Belle pièce.

1098 — 1780, 1793. *Escalin au navire.* Cpz. Verk. pl. 93.4, avec 6 — ST Dux differents coins. t.b.c. 2 ps.

1099 — *Double Sou* de 1722, 30, 32, et 45. *Sou* au faiceau de flèches de 1791. *Dutes* de 1685 et 89 (2 var) 5 ps. arg. 3 ps. Ae.

1100 — **Middelbourg** *assiégiée par les Zeelandais* (1572) *Velddaelder.* (Ecu obsidionale de 50 Sous) de 1574. fr. après la délivrance v. Loon I 180—178 n. 1. Mailliet pl. LXXXIV. 15. t.b.c.

1101 **Utrecht. Sous les Carlovingiens. Lothaire** 840—55 *Denier* fr. à **Duurstede** (Wijk-bij-Duurstede) — IOTARIVS IMPAT. Croix cantonnée de 4 globules. Rev. DORESTATVS MON. Temple. b.c.,

1102 — **Evêché. Guillaume de Pont** 1054—76. *Denier* ✠ VVIHEINIVS. Buste de l'évêque à dr. devant lui sceptre et ✠ Rev. ✠ HENRICVS RE. Buste couronné de face de l'empereur. v. d. Chijs pl. III. n. 4. *Très beau.* Rare.

1103 — **Herman** 1150—56. *Denier.* 3 ps. variées Cpz. v. d. Ch. pl. V. b.c.

1104 — **Henri de Vianden.** 1250—67. *Denier.* Cpz. v. d. Ch. pl. IX. 12. 3 ps.

1105 — **Jean d'Arckel**. 1341—64. *Double gros d'Utrecht.* Cpz. v. d. Ch. pl. X. 3. b.c. Rare.

1106 — **Florent de Wevelinckhoven**. 1379—93. *Florin d'or.* fr. à **Deventer.** FLORENΣ . — . EPS : TRAI' L'évêque assis dans un dais gothique, dessous petit écu à ses armoiries. Rev. + MONETA o NOVA o DAVENTRIENSIS. L'aigle éployé de Deventer assis sur l'écu du »Sticht« dans un entourage de 10 petites arcades. v. d. Chijs pl. XII. 3. **Or.** *Beau et rare.*

1107 — *Double gros de Deventer.* + FLOREN ⚶ EPΣ ⚶ TRA ⚶ — ⚶ IEΣTENSIS ⚶ DAV. Buste mitré de l'évêque, dessous ses armoiries. Rev. + MONETA ⚶ NOVA ⚶ — ⚶ DAVENTRIENS. Aigle éployé (de Deventer) au-dessus de l'écusson du »Sticht.« Var. de v. d. Ch. pl. XII. 7 t.b.c.

1108 — **Frédéric de Blankenheim**. 1394—1423. *Double gros* fr. à **Hasselt** avec MONETA ⚶ — D — E ⚶ HASSELE petit lion. Var. de v. d. Chijs. pl XIV. 14. b c.

1109 — **Rudolphe de Diepholt.** 1431—35. *Mite* (Mijt) fr. à **Rhenen.** Cpz. v. d. Chijs. pl. XVI. 11. Ae. b.c. Rare.

1110 — **David de Bourgogne.** 1455—96. *Dubbele Davidsharp* (Double Harpe) MEMENTO * DO — MINE * DAVID. Le roi David jouant la Harpe, devant lui les armoiries de l'Evêque. Rev. + DAVID * DE * BVRGONDIA * EPISΣOPVS * TRAIEΣTE' Croix fleuronnée, au centre D, cantonnée, des lettres D — A — V — I Type de v. d Chijs pl. XVI. 2. **Or.** t.b.c. Rare.

1111 — Même pièce avec des * entre les mots et les caractères plus petits. Type de v. d. Chijs pl. XVI. 4. **Or.** t.b.c. Rare.

1112 — 1482. *Double Briquet (Dubbel Vuurijzer)* + MONETA * NOVA * EPS * TRAIEΣTENS' Deux lions assis entre un briquet. Rev. MEMENTO * DOMINE * DAVID * 148Z. Armoiries. Var. de v. d. Chijs pl. XXIII. 29. *Beau et rare*

1113 — **Frédéric de Bade**. 1510. *Dubbele Stuiver* (Double Sol). Les écussons de la province d'Utrecht et de Bade sous un heaume. Cpz. v. d. Chijs pl. XXI. 17. a.b.c. 2 ps.

1114 — **Henri de Bavière** 1525. *Pièce de 3 mites.* Cpz v. d. Ch. pl. XXII. 2 ps. variées b.c.

1115 — **Seigneurie. Philippe II**. 1565. *Ecu de Bourgogne.* (Kruisdaelder). PHS . D . G . HISP . Z . REX . DNS . TRAIEC (écusson). Cpz. v. d. Chijs. pl. XXIV. 18. t.b.c. Rare.

1116 — 1567. *Demi Ecu de Bourgogne.* PHS . D . G . HISP . Z . REX . DNS . TRAIEC petit écusson. Croix de Bourg entre 15 - 67. Rev. DOMINVS . MI—HI . ADIVTOR. Armoiries couronnées. Cpz. v. d. Ch. pl. XXIV. 21. t.b c. *Date inconnue. Fort rare.*

1117 — 1571 ½ *Ecu Philippe.* PHS. D : G . HISP Z REX . DNS . TRAIEC . 15—71. Buste à dr. Cpz. v. d. Ch. pl. XXIII. 5. Beau.

1118 — 1571. Même pièce avec D . G . HISP . Z . REX . v. d. Ch. pl. XXIII. 5. t.b.c.

1119 — 1571. 1/10 *Ecu Philippe* au buste à dr. avec TRAIE . Cpz. v. d. Ch. pl. XXIV. 9 b.c.

1120 — **Ville**. S. d. *Monnaie de billon* avec *légende hollandaise* :: hER ::
GEFT :: ONS :: VREDE Croix dans un grénétis. Rev. ✠
MVNT :: DE :: STAT :: VA :: VTR. Ecusson de la ville dans
un grénétis. Variété de v. d. Chijs pl. XXV. 6 t.b.c. Rare.

1121 — S. d. *Petite monnaie* ✠ CIVITAS. TRA(IECT)EI. Ecusson
de la ville dans un entourage de 8 arcades. Rev. CIVI — TAST
— RAIE · E(TEN) Croix coupant la légende, cantonnée de 4
rosettes, v. d. Chijs pl. XXV. 3 t.b.c.. un peu ébréché, mais *fort rare*.

1122 — 1509? *Pièce de trois mites* (3 Mijten) au *St. Martin à cheval*.
Type de v. d. Chijs. pl. XXVI. 22. Ae. b.c.

1123 — 1578. *Sou* au titre de **Philippe** II. Verk. pl. 114. 1 ; et 1666 *Sou*. Verk.
pl. 114.7 b.c. 2 ps.

1124 — *Doubles Sous* de 1785, 87, 88, 89, 90, 92, 94 et *Sou* de 1738, 39,
Belles. 9 ps.

1125 — **Province**. 1666. *Ducaton*. Type de Verk. pl. 99. 3. b.c.

1126 — 1676 *Escalin des Etats contremarqué au faisceau de flèches* au revers.
Variété de Verk. pl. 113. 6 avec la marque monét. (l'agnel pascal) entre
16—76. t.b.c.

1127 — 1682. *Piece de 10 Sous*. Rev. Armoiries entre 10 — ST. Verk. pl.
110. 5 b.c.

1128 — 1691. *Escalin des Etats au cavalier*. Type de Verk. pl. 113 6 sans
marque mon. t.b.c. 2 ps.

1129 — 1730. *Ducaton frappé en piedfort* MO . NO . ARG . PRO . CON —
FŒ . BELG . TRA . ✪ . Chevalier en galop au-dessus de l'écusson
couronné de la province. Var. de Verk. pl. 100. 3. Gr. 35.5. Beau. *Rare*.

1130 — 1735. *Florin*. Type de Verk. pl. 111. 2 avec FOED et 1—G b.c.

1131 — 1750. *Escalin au navire frappé en* **Or**. (Gouden Scheepjesschelling).
Verk. pl. 113. 4 Or t.b.c.

1132 — 1759 ¼ *florin*. Verk. pl. 111. 6. 2 ps. Belles.

1133 — 1761. *Demi Ducaton* fr. *sur flan bruni*. Variété de Verk. pl. 100. 4.
F.d.c. Tranche cordounée.

1134 — 1766. *Rijksdaalder* au chevalier debout. Cpz. Verk. pl. 106. 1 ; tekst
n. 589. *Tranche fleuronnée*. Beau.

1135 — 1766. *Halve Rijksdaalder*. (Demi Ecu à l'homme debout tenant
l'écusson de la province). Verk. pl. 106. 2. Tranche cordonnée. Beau.

1136 — 1775. *Piece de 10 Sous*. (Demi florin). Rev. Armoiries entre X —
S$_T$ Verk. pl. 111. 5 t.b c.

1137 — 1784. *Ducaton*. Type comme le Demi-Ducaton. Verk. pl. 100. 4.
Très beau. Tranche cordonnée.

1138 — 1785. *Même pièce*. Très belle

1139 — 1786. *Pièce de 3 florins* frappée pour les **Indes Orientales** avec ⚜ sous
les armoiries au revers. Type de Verk. pl. 201. 2. t.b.c. Rare.

1140 — 1786. *Drie gulden*. (Pièce de 3 florins). Var. de Verk. pl. 111. 1,
type de Verk. pl. 111.4. Beau.

1141 — 1790. *Ducaton* au cavalier en galop. Type du Demi-Ducaton de
Verk. pl. 100. 4. *Très beau*. Tranche cordonnée.

1142 — 1790. Même pièce. Type de Verk. pl. 100. 4 Superbe.

1143 — 1791. *Même piece*. F.d.c. Tranche cordonnée.

1144 — 1791. *Florin* avec I—G. Type du demi florin de Verk. pl. III. 4. F.d.c

1145 — 1792. *Même pièce.* t b.c

1146 — 1793. *Même pièce.* F.d.c.

1147 — 1794. *Pièce de trois florins.* Var. de Verk. pl. III. 1. Tranche cordonnée. Superbe.

1148 — 1794. *Florin* avec. MO : ARG : ORD : FŒD : BELG : TRAI. Armoiries entre I—G. Var. de Verk. pl. III. 2. Beau.

1149 **Overijssel. Seigneurie. Philippe** II 1567. ⅕ *Ecu Philippe* fr. à **Hasselt.** PHS : D . G . HISP . Z . REX . D . TRS . ISSV . 15 + 68. Buste à dr. v. d. Ch. pl. XIX. 11. t.b.c. Rare.

1150 — **Province.** 1619. *Double Sol.* au lion entre 2—S. Verk. pl. 143. 2. b.c.

1151 — 1619. *Sou* au faisceau de flèches entre I—S. Compz. Verk. pl. 143. 5. t.b.c.

1152 — 1675. *Ducaton.* Type de Verk. pl. 135. 4. avec CON—FŒ. b.c. Rare.

1153 — 1678. *Ducaton.* MO : NO : ARG : CON — FŒ : BELG : PRO : TRANS Kz. CONCORDIA . — RES . PARVÆ . — CRESCVNT 16 ❀ 78.
     Interessante variant van Verk. pl. 135. 4 met het jaartal niet in het compartiment onder het wapen doch in het omschrift ; voor en keerzijde met gestreepte in plaats gepareelde binnenlijnen. b.c.

1154 — 1679. *Même pièce.* Var. intér. de Verk. pl. 135. 4 b.c.

1155 — 1680, 89. *Escalin des Etats* (Statenschelling). Cavalier et armoiries. Verk. pl. 142. 5 t.b c., b.c 4 ps. var.

1156 — 1686. *Même pièce.* Type de Verk. pl. 142.5. Beau. Date inconnue à Verk.

1157 — 1702. Dute fr. à **Zwolle.** Verk. pl. 145. 1 *contremarquée* à l'écusson couronné de Zwolle. Voir. Verk. texte n. 793. Ac. t.b.c. Rare.

1158 — 1706. *Florin.* Type de Verk. pl. 141. 6 avec 1—G. t.b.c.

1159 — 1719. *Florin.* Type de Verk. pl. 141. 6 avec 1—G et TRANSI b.c.

1160 — 1734. *Florin* avec 1—G^L t bc.

1161 — 1746. Rijksdaalder met den staanden man te **Harderwijk** geslagen. (Ecu à l'homme debout fr. à Harderwijk). MO : NO : ARG : CONFŒ.— BELG : PRO : TRANSI. Rev. CONCORDIA : RES : PARVÆ : CRES-CUNT : (Kraanvogel = muntteeken van Cramer.) t.b.c. Rare.
     Variant van Verk. pl. 139. 2, fraaiere stempel, de ridder grooter. randschrift door het wapen en den rechtervoet gescheiden ; staart van den leeuw naar rechts omgebogen.

1162 — 1766. *Dute.* Armoiries VIGILATE — ETORATE. Rev. ❀ aigle ❀ — OVER — YSSEL — 1766. Marque monétaire petit buste entre deux branches. Verk. pl. 145. 5 t.b.c. Rare.

1163 — **Villes. Deventer.** *Demi Sou.* PACE . ET . BELL CONS. Ecusson couronné de Deventer ent J—S. Rev. MON - NOV — REI — DAV. Croix coupant la légende cantonnée des lettres H — S — E — D. *Variété inédite de Verk. pl. 218. 5.* t.b.c.

1164 — S. d. *Piece de 8 Sous* fr. à **Deventer** . MO . NO . G—1 . IM . DAV . S . L .·. Buste de St. Lébuin à g. en habit d'évêque. Rev. . MATTH . I . D . G . RO (écusson) I . SEM . AVG . VIII . S . Double aigle impérial, couronné. **Manque** à **Verkade.**
     Pièce fort intéressante, de la plus haute rareté imitant les Dicken de Lucerne. Voir : »Mon mémoire de l'imitation des monnaies étrangères. aux Pay-Bas Septentrionaux lors de la guerre de 80 ans. — présenté au congrès intern. de Num. de Bruxelles (1892).

1165 — 1664. *Ducaton.* MO . NO . ARG . CIVIT — . DAVENTRLE . — .
Verk. pl. 147. 4. Av. Beau. Rev. t.b.c. Date rare.

1166 — 1685. *Escalin des Etats* (au cavalier). Var. de Verk. pl. 156. 1 avec
petit chien assis à dr. sous le cavalier, et la date au-dessus de la
couronne du revers. Beau.

1167 — 1688, 89. *Même pièce.* Type de Verk. pl. 156. 2. t.b.c. et b.c.

1168 — 1687. *Florin.* HAC NIMITVR — HANC TVEMVR. Rev. MO . NO
ARG . CIV . DAVENTRLE — 1—6—8—7.
Variété de Verk. pl. 152. 2 avec autre couronne, l'aigle regardant à g. les
I—G placées plus hautes ; le marque monét. petit chien derrière DAVEN-
TRLE regardant à dr. b.c. Rare.

1169 — 1707 et 1708. *Double Sou.* Lion couronné entre 2—S. Rev. DAVEN —
TRIA — 1707. Marque monét. à g. Var. de Verk. pl. 156.3. 2 ps. t.b.c.

1170 — **Campen**. S.d. *Demi Rosenoble* MON — NO . AV . CIVI . CAMPEN .
VALO . TRAN — . ISVLAN. Var. de Verk. pl. 158. 4 avec O dans le
pavillon. **Or**. t.b.c. Rare.

1171 — S. d. $\frac{1}{3}$ *Philipsdaalder.* (Pièce de 10 Sous au buste et au titre de
l'empereur **Rudolph** II) RVDOL . II . D : G . ELEC . RO × IMP . SEM .
AVGV (château). Buste à g. Rev. MO . ARGEN — IMP . CI—VI :
CAMPEN × — × Armoiries couronnées entre 10—S Verk. pl. 160. 5
t.b.c. **Fort rare**.

1172 — S. d. *Escalin à l'aigle* („Arendschelling") au titre de l'empereur.
Rudolph II. MO . ARGEN — IMPERI — CIVITA × - CAMPEN. Rev.
RVDOL × II × D × G × ELEC × RO × IMP × SEM × AVGVS. Var.
de Verk. pl. 165. 2. t.b.c.

1173 — S. d. *Sou.* MO : NO — ARGEN — CIVITA — CAMPE. Croix
fleuronnée. Rev. DOMINVS . NOSTRA . ADIVTOR. Armoiries cou-
ronnées entre I—S. Verk. pl. 166 5.

1174 — 1578 *assiégée par les troupes des Etats de Hollande. Obsidionale
carrée de 42 Sous.* L'écusson de la ville entre 4Z — ST, dessus
EXTREMVM — SVBSIDVM ; dessous CAMPEN — 1578. Mailliet pl.
XXII. no. 1 v. Loon I éd. holl. 259. 1. t.b.c. Rare.

1175 — 1596. *Arendsrijksdaalder* (Ecu au château à trois tours et au titre de
Rudolph II) ✿ MONE × NO × CIVITATIS × IMPE × CAMPENSIS.
Rev. Double aigle imp. RVDOL × II × D × G × ELEC × RO ×
IMP × SEM × AVGVS Verk. pl. 160. 1 b.c.

1176 — 1659. *Ducaton* MO : NO : ARG : CIVIT : — CAMPENSIS ⚜ Rev.
CONCORDIA . — RES . PARV — . CRESCVNT . 1659. Variété de
Verk. pl. 159.3 3 avec la fleur de lis d'après CAMPENSIS Date
rare. t.b.c.

1177 — 1664. *Ducaton* ⚜ . MO . NO . ARG . CIVIT . — . CAMPENSIS :·
Rev. CONCORDIA . — RES . PARV.E . CRESCVNT . 1664. Beau.
Interessante variant van Verkade pl. 159.4, met de lelie voor . Mo, de ridder
met gesloten vizier.

1178 — 1664. *Ducaton*, type comme le Demi-Ducaton de Verk. pl. 159.4
met CONCORDIA — : RES . b c.

1179 — 1666. *Ducaton* comme le no. precédent. Type de Verk. pl. 159 4.
t.b.c. Date rare.

1180 — 1667. *Ducaton* comme le no. précedent avec CIVIT . — . CAM-
PENSIS . en : CONCORDI — A . RES . PARV.E — . CRESCVNT .
1667. t.b.c. *Date rare.*

1181 — 1667. *Ducaton* comme le no. précédent avec . CONCORDIA . —
RES . PARVÆ . — CRESCVNT . 1667. t.b.c.

1182 — 1668. *Ducaton* comme le no. précédent avec CONCORDIA — :
RES : PARVÆ : CRESCVNT 1668. t.b.c.

1183 1669. *Ducaton* comme le no. précédent avec CONCORDIA — RES
PARVÆ — CRESCVNT 1669. b.c. Date rare.

1184 — 1680, 82, 86, 90 et 91, *Escalin des Etats.* (Statenschelling). Type de
Verk. pl. 166.1 b.c. 5 ps.

1185 — **Zwolle.** S.d. (1488) *Florin d'or au St. Michel et a*$_u$ *titre de l'empereur
Frédéric III.* o ♏O' ⊛ ÆVR — ⊛ — ⊛ — ⊛ — ƷWOL. St.
Michael devant l'écusson de la ville, terrassant le démon à ses pieds.
Rev. ✚ FREDRIC' ⊛ RO' ÆƝ' ⊛ IMPE' Æᴛ ⊛ Globe
impérial dans une trilobe. Variété de v. d. Chijs. pl. XVII. 2 Or. t.b.c. Rare.

1185a— 1659. *Ducaton* . ⊛ MONETA . ARGENT — CIVITAT . ZWOL.
Rev. DA PACEM — DOMINE . IN — DIEB . NOST . 16 –59. Verk.
pl. 168.5. Beau.

1186 — 1602. *Double Sou.* (Groschen), type allemand + RVDOL . II . DG
. ELEC . RO . IM . SEM . AV. Globe crucigère avec 24, accosté de
16 −02. Rev. MONE . ARG — CIVITA . ZWOLL . St. Michael au-
dessus de l'écu de Zwolle. Variété de Verk. pl. 177.4. *Date rare* t b: c.

1187 — 1668. *Ducaton.* ⊛ MONETA . ARGENTEA . CIVITATIS . ZWOLLÆ.
Interessante variant van Verk. Pl. 169. 1 met St. Michael in een schild zon-
der versieringen, en evenals het zwaard binnen den parelcirkel, het rijkleed niet
over den staart. Zeldzaam jaar. b.c.

1188 — 1685. *Escalin des Etats.* Verk. pl. 177.2 b.c.

1189 — MDCLXXXVI. *Escalin des Etats* (Statenschelling) Type de Verk.
pl 177.3 t.b.c

1190 — MDCLXXXVIII *Escalin des Etats.* Type de Verk. pl. 177.3. b.c.

1191 — *Dute* de 1618 et 96. Verk. pl. 178.4 et 5. Ae. t.b.c.

1192 — **Hasselt.** S.d. *Oortje.* Deux écussons aux armoiries de Hasselt sur-
montées d'un heaume. Rev. MONE — NOVA — CIVIT — HASS.
Croix fleuronnée. *Contremarquée à l'écusson de* **Zwolle** Compz. v. d.
Chijs. pl. XVII. 3 Billon. t.b.c. Rare.

1193 — **Cunre** (Kuinre) *Seigneurie.* **Henri.** *Esterlin* ђEⳑ-NR (NR liés) ICⳒVS
ⳒOM — EⳒS. Tête couronnée tenant sceptre. Rev. EꝐR —
ICⳒVS — GOM — EⳒS . ђ Croix coupant la légende cantonnée de
12 globules. Comp. pour le type v. d. Chijs pl. I. n. 2 t.b c. Rare.

1194 — *Esterlin.* ђEⳑ — N R (N R liés) ICⳒVSREⳑ — III. Tête cou-
ronnée avec sceptre Rev. EꝐR (Ɲ R liées) ICⳒVS — GO —
M — EⳒS . ђ. Croix cantonnée de 12 globules. Variété de v. d.
Chijs. pl. I. n. 2 *Beau et rare.*

1195 — *Esterlin* * ђEIRICⳒVS REⵝIII' Tête couronnée de face dans
un grénétis. Rev. ђƐꝐ — RICⳒV — SⳒⳒO — MEⳑS. Croix can-
tonnée de 12 globules. Type de l'avers de v. d. Chijs. pl. I. 3 et du
revers de pl. I. 2. t b.c. Rare.

1196 — **Hameland.** *Comté.* **Adela** (fille du comte Wichman.) *Denier inédit.*
Main entre alpha et omega .... REXDOIꟼⳑ lisez OD (DO) REX
(DA) VEN ᛁ Rev. Croix cantonnée de 4 globules ✚ ΛⲆEΛᴛ
GOⳑⳑEᴛISSΛ. Comparez Dannenberg pl. 55. n. 1237 et mon
catalogue XXXVI n. 660. *Rare.* avec petit trou.

1197 La Frise. Province. 1585. *Snaphaanschelling* NISI + DO — MINVS + NOBISCVM + (petit écusson) + Cavalier à g. en ex : * 1585 * Rev. MONE + — NOVA + — ORDI + — FRISI + — Croix fleuronnée avec écusson. Cpz. Verk. pl. 128. 2. t.b.c.

1198 — 1598. *Snaphaanschelling.* NISI + DOMINVS + NOBISCVM petit écu. Rev. MONE — NOVA — ORDI — FRISI. Verk. pl. 128. 2. t.b.c. Date rare.

1199 — (1601). *Florin de 14 Sous, contremarqué* à l'avers de HOL. Verk. pl. 127. 2. b.c.

1200 — 1623. *Snaphaanschelling.* NISI . DO — MINVS . NOBISC — VM (petit lion) Cavalier, en ex : 1623. Rev. MONE — NOVA — ORDI — FRIS. t.b.c.

1201 — 1660. *Ducaton.* MO : NO ARG : PRO : CO — NFOE : BELG : FRIS. petit lion à g Rev. CON CORDIA : — RES : PARV.E — : CRESCVNT . 1660. Variété de Verk. pl. 119. 3. Beau et rare.

1202 — 1696. *Halve Driegulden* (Moitié de la pièce de 3 florins). Cpz. Verk. pl. 126. 2. b.c.

1203 Groningue. Ville. S. d. *Bractéat.* Double aigle, avec petit écusson de la ville entre les pattes et G entre les têtes. v. d. Chijs pl. VIII. 13. Ae. Beau. et intéressant.

1204 — S. d. *Butken.* (Demi gros). Cpz. v. d. Ch. pl. IX. 38. 4 ps. variées.

1205 — 1474. *Double gros à l'aigle* (Dubbele Jager). v. d. Chijs pl. XI. 65. b.c.

1206 — 1561. *Rijksdaelder* au St. Jean *frappé en piedfort.* SANCTVS * IOANNES — BAPTISTA * A° * 1561 * St. Jean debout, avec petit écusson de Groningue entre ses pieds. Rev. MONETA * NOVA * AR-GENTEA * GRONINGENSIS. Double aigle couronné ayant en coeur l'écusson de Groningue. Cpz. v. d. Chijs pl. XVIII. n. 141. Gr. 54.5. *Beau et rare.*

1207 — 1599. *Vier Stuiver of Flabbe* (Pièce de 4 Sous). MONETA . — . NOVA . AR — GRONIN — GENSIS. Deux étoiles au-dessus de l'écusson. Rev. + SIT NOMEN . DOMINI . BENEDICTVM . 1599. Var. de Verk. pl. 186.3. t.b c. *Date rare.*

1208 — 1626. *Achtstuiver of Langrok* (Pièce de 8 Sous au St. Martin). Var. de Verk. pl. 185. 3. avec 1626 et GI' NIN. t.b.c.

1209 — 1672. *Assiégée par l'évêque de unster* Monnaie obsidionale de 6¼ *Stuiver.* Armoiries entre 6¼ — St. Mailliet pl. XLV. 16. Beau.

1210 — 1690. *Escalin des Etats au cavalier.* Verk. pl. 186. 1. Beau et b.c. 2 ps.

1211 — **Province.** 1584. *Halve Groningsche stuiver van 3 plakken.* (Demi Sou de Groningue). Verk. pl. 187.5. *Dubbele Plak of Oortje Brabantsch* de 1578, 79 et 80 avec GRONINEN, de 1583 et 91 avec GRONIGEN et GRONINGEN, de 1614 pl. 188.5. ¼ *Groningsche stuiver of Magermannetje van* 1½ *plak* de 1609. pl. 188.3. Ae. t.b.c. 8 petites monnaies intéressantes.

1212 — 1692. *Florin de 28 Sous.* Buste à dr. Rev. Armoiries entre 28—ST. et *contremarquées* de 'IOH. Verk. pl. 181.3. b.c.

1213 — 1691 et 1692. *Escalin des Etats.* (Statenschelling). Type de Verk. pl. 182. 2 mais sous le cheval un petit chien comme marque monét. b.c. 2 ps.

1214 — 1761. *Halve gouden rijder.* (Demi cavalier d'or). Verk. pl. 179.2. **Or.** t.b.c.

1215 — **Koevorden. Seigneurie. Reinoud** III. 1344—68. *Gros médit* (Imitation des gros de Louis I de Nevers comte de Flandre) + MONETA × KOVORDENSIS. Lion debout à g. dans un compartiment à 6 lobes Rev

RЄYП — OLDD — ПS ⁚ ISO — VORD. Croix pattée coupant la légende cantonnée 1 et 4 d'un lion debout, 2 et 3 d'un aigle éployé — (placés en sens inverse que les gros de Reinoud de Coevorden reproduits chez v. d. Chijs pl. XXI. 15) t.b.c. *Inédit. Extr. rare.*

1216 **République Batave.** 1805. *Rijksdaalder* met den staanden man te **Utrecht** geslagen. (Ecu à l'homme à l'ancien type d'Utrecht). Cpz. Nahuijs pl. VII. 46. t.b.c.

1217 — **Java.** 1797. *Gouden dubbele ropij.* van **15,3** grain (*Double Roupie d'or*) fr. à **Batavia.** Type de Netscher en v. d. Chijs. pl. II. 8. **Or.** *Belle et extrêmement rare.*

1218 — 1803. *Roupie d'argent* fr. à **Batavia.** Type de Netsch. & v. d. Ch. pl. VI. 37a avec 1803 et avec une *contremarque* ovale de **Soumenep.** Belle et rare.   **Z**

1219 **Hollande. Royaume. Louis Napoléon.** 1808. *Rijksdaalder* ou Pièce de 50 Sous au buste à dr. NAP . LODEW. I . KON . VAN HOLL. Tête à dr. Rev. KONINGRIJK — HOLLAND. Armoiries couronnées entre 50—S^s dessous 18 — 08. et abeille. Cpz. Nahuijs pl. IX. 61 et Verk. pl. 192. 5. Mm. 38. *Epreuve fr. sur flan bruni.* Belle. *Rare.*

1220 — Même pièce. Légère variété de gravure. Mm. 37. Belle.

1221 — 1809. *Ducat au buste à g. et aux armoiries.* LODEW . NAP . KON. VAN HOLL . Rev. KONINGRIJK—HOLLAND. 1809. dessous abeille. Cpz. Verk. pl. 192. 2. Nahuijs pl. XII. 81. **Or.** Beau.

1222 — **Java sous le Royaume de la Hollande.** 1807. *Roupie d'or.* (Java-Ropij). Type de Netsch & v. d. Ch. n. 31. **Or.** Gr. : 8. F.d.c. Fort rare.

1223 **La Hollande sous l'Empire français. Napoléon. Empereur.** 1812. *5 Francs* frappé à **Utrecht.** Tête laurée à dr. NAPOLEON — EMPEREUR. Rev. 5 | FRANCS. | dans une couronne, et à l'entour. EMPIRE|FRANÇAIS. — 1812. — et les marques monétaires, de la Monnaie à **Utrecht** un poisson (»Baarsje«) et du monétaire **d'Utrecht** *du Marchie Servaas* un mât (»Mast«). Cpz. Verk. pl. 195. 2. b.c. Rare.

1224 — 1813. *Pièce de 20 francs* fr. à **Utrecht.** Tête laurée à g. Mêmes marques monétaires. t.b.c. Verk. pl. 195.1. Rare.

1225 — 1813. *Même pièce.* fr. à **Utrecht.** Verk. pl. 195.2. b.c. Rare.

1226 **Royaume des Pays-Bas. Guillaume** I. 1816. *Rijksdaalder met den staanden man* (Rijksdaelder à l'ancien type d'Utrecht MO . NO . ARG . PRO . CONFOE . BELG . TRAI . Cpz. Verk. pl. 196. 4. t.b.c. *Rare.*
Bij deze Rijksdaalder zijn de kleuren in het wapen der provincie Utrecht aangegeven, alsmede op de keerzijde in het wapen van het Koninkrijk, doch *ontbreken hier de blokjes.*

1227 — 1818. *Ducat* au chevalier debout fr. à **Utrecht.** marque monétaire *torche.* Verk. pl. 196.1. **Or.** F.d.c. *Rare.*

1228 — 1823. *Pièce de 3 florins.* fr. à **Bruxelles.** Buste à dr. Rev. Armoiries. Marque monét. B. Verk. pl. 197. Belle. Rare.

1229 — 1824. *Pièce de 3 florins* fr. à **Utrecht** au buste à dr. Belle.

1230 — 1824. *Florin.* Buste à dr. F.d.c.

1231 — 1830. *Demi florin* fr. à **Bruxelles.** Buste et armoiries. Verk. pl. 197. 3. Beau. Rare.

1232 — *10 Cent* de 1825, 26, 27, fr. à *Utrecht* et mêmes pièces fr. à *Bruxelles.* 6 ps. Belles.

1233 — *10 Cent.* 1825, 26, 27. fr. à *Bruxelles* 3 ps. F.d.c.

1234 — **Guillaume** II. 1843. *Pièce de 5 florins.* Buste à dr. Rev. Armoiries. *Epreuve fr. sur flan bruni.* **Or.** Superbe. Rare.

1235 — **Guillaume** III. 1850. *Pièce de 10 florins.* («Negotiepenning») *frappée sur flan bruni.* Buste à g. Rev. Armoiries couronnées dans une couronne de branches de chêne 6w 729 * 1850 . * 0.900. Tranche inscrite. Or. F.d.c. *Rare.*

1236 — **Wilhelmine.** 1897. *Pièce de 10 florins.* Buste à g. Rev. Armoiries. Or. Belle.

1237 **Brabant. Jean** I. 1268—94. *Denier à tête.* de Witte 249. b.c. Rare.

1238 — *Esterlin au lion.* Type de de W. pl. IX. 241 avec × I × Ɔ et de v. d. Chijs. pl. V. 8. b c.

1239 — *Esterlin* à l'ecu de Brabant-Limbourg Variété de de W. pl. X 263*bis* avec DV✠ — LIMB — VRGIE et le lion de Limbourg ʌʌec trois globules au-dessus de sa tête. t.b.c. 3 ps.

1240 — **Jeanne et Philippe le Hardi** 1384—89. *Billon noir* Monnaie de convention entre Jeanne et Philippe le Hardi. v. d. Ch. pl. XI. 9. de Witte pl. XX. 416. Ae. t.b.c.

1241 — **Philippe le Beau. Majeur** (1494—1506,) 1499. *Toison d'argent.* Variété de v. d. Ch. pl. XXII. 8 et de de Witte pl. XXXV. 605. avec * SA-PIEƆIE * t.b.c.

1242 — 1500. *Double Sol* avec DOMINV * ANO * 1500. Type de de Witte n. 609. Cpz. v. d. Ch. pl. XXII. 10. b.c.

1243 15Z0 (1502) *Double Patard.* Type de v. d. Ch. pl. XXIII, 8. Cpz. de Witte pl. XXXV, 609. 2 ps.

1244 — **Charles V. Minorité.** 1509. *Double Sol.* Type de v. d. Chijs pl. XXIII, 8 et de de Witte n. 635. 2 ps. b.c.

1245 — 1515—55. *Réal d'argent* Cpz. v. d. Ch. pl. XXV, 13 et de Witte n. 674. t.b.c.

1246 — 1540. *Vlieger* ou *pièce de 4 Patards* fr. à *Anvers* KAROLVS × D × G × RO × IM × Z × HISP × REX × 1540. Aigle biceps en plein champ. Rev. DA—MICH × VI—RTV × CO—TR HOST—VOS. Croix de St. André avec écusson couronné. Type comme de Witte n. 673, v. d. Ch. pl. XXV, 12 b.c.

1247 — **Philippe II** (1555—76.) 155(7 ?) *Ecu Philippe* au titre de roi **d'Angleterre** *contremarqué* (en 1573) par les Etats de la Hollande à l'écusson oval *de la Hollande*, derrière la tête. Type de de Witte pl. XLII n. 715.

1248 — 1566. ¹⁄₂ *Ecu Philippe* fr. à *Anvers* PHS . D : G . HISP . Z REX . DVX . BR. Buste à dr. dessous 6 - 6. Rev. DOMINVS—MIHI—ADIVTOR—.—. v. d. Chijs pl. XXIX, 21 ; de Witte n. 724 t.b.c et b.c. 2 ps.

1249 — 1566. *Même pièce.* Variété intéressante avec DV . X . B t.b.c.

1250 — 1567. *Demi Ecu à la croix de Bourgogne* (Halve Kruisdaelder) fr. à *Anvers* PHS . D : G . HISP . Z . REX . DVX . BRA. Variété de v. d. Ch. pl. XXIX, 30 et de de Witte n. 738 t.b c.

1251 — 1567. *Même pièce* frappée à **Maestricht.** Marque monét. étoile. Variété de v. d. Ch. pl. XXIX, 31 et de de Witte n. 739 *avec seulement 3 lis et 2 pointes* au 2 quartier des armoiries. t.b.c. Rare.

1252 — 1567. *Ecu de Bourgogne* fr. à *Anvers.* Variété de de Witte n. 736 avec seulement 4 fleurs de lis dans les armoiries. Cpz. v. d. Chijs pl. XXIX, 28 t.b.c.

1253 — 1568. *Même pièce* fr. à **Maestricht.** Variété de de Witte 737 sans cercle intér. au revers, et seulement 3 petites fleurs de lis dans les armoiries. Cpz. v. d. Chijs pl. XXIX, 29. Av. t.b.c. Rev. avec hachure Date rare.

1254 — 1568. *Demi Ecu de Bourgogne* fr. à Anvers avec HISP Z REX . DVX . BRA [] Rev. DOMINVS . MI—HI . ADIVTOR. Armoiries couronnées, *variété avec seulement 6 petites fleurs de lis dans le 2e quartier* t.b.c.

1255 — 1570. *Même pièce* que le n° 1252. Variété sans cercles intérieurs, les fleurs de lis placées 2, 3, 2. t.b.c.

1256 — 1571. $^1\!/_{10}$ *Ecu Philippe* fr. à Anvers. Buste à dr. avec PHS : et la couronne du revers entre deux pointes. Cpz. v. d. Ch pl. XXIX. 25 et de Witte n. 729. t.b.c. 3 ps.

1257 — 1571. *Même pièce* avec PHS D : Belle.

1258 — 1572. $^1\!/_4$ *Ecu Philippe.* PHS D . G . HISPZREX . DVX . BRA . 15—72. Type de v. d Ch. pl. XXIX. 22. de de Witte no. 722. t.b.c.

1259 — 1563 et 1571. (2 ps) *Mêmes pièces.* 3 var. t.b.c.

1260 — 1576 *Ecu Philippe* fr. à **Bruxelles** (B derrière la tête) avec *le coin anversois* de l'Ecu Philippe de 1576. de Witte pl. LXII. 718 b.c. Rare.

1261 — **Les États de Brabant** (1577—1585). 1577. *Demi-Daldre des États* fr. à Anvers . PHS . D : G : HISP Z REX . DVX . BRA . Buste couronné tenant devant lui ses armoiries. Rev. 15 [] 77 . PACE . ET . IVSTITIA. Croix formée de quatre ^P_H couronnés au centre S ; centre la croix 16—S (tuvers) de Witte pl. XLVI. 764. Heiss pl. 169. n. 29. t.b.c.

1262 — *Même pièce* frappée à **Bruxelles** avec 15 B 77 de Witte n. 765. b.c. Rare.

1263 — *Quart de Daldre des États* fr. à **Bruxelles** avec . PHS . D : G . HISPZ REX . DVX . BRA — . Au revers 8—S Variété de de Witte no. 771. Beau. *Rare*.

1264 — *Même pièce.* Variété avec D : G . et seulement 3 petites fleurs de lis dans les armoiries t.b.c.

1265 — **Philippe** II 1588. *Ecu Philippe.* Avers type de de Witte pl. XLVII 788. Rev. Type de de W. n. 833 avec MI—HI t.b.c.

1266 — 1591. *Même pièce*, même avers, même revers sans cercle intérieur. t.b.c.

1267 — **Albert et Isabelle** 1600. *Albertin* (Tiers de double ducat) fr. à **Maestricht.** Avers de de W. 965. Rev. de de W. 964. b.c. Rare.

1268 — 1620. *Ducaton* fr. à **Bruxelles.** Leurs bustes conjugués à dr. Rev. Armoiries. de Witte. n. 961. t.b.c

1269 — **Philippe** IV 1636. *Ducaton* fr. à **Bruxelles.** Buste et armoiries t.b.c.

1270 — 1647. *Patagon* fr. à Anvers de Witte 1007 t.b.c.

1271 — 1653. *Ducaton* fr. à Anvers. Buste et armoiries. Type de de W. 1001 t.b.c.

1272 — **Philippe V.** 1703 *Ducaton* fr. à Anvers. Buste à longue chevelure à dr. Rev. Armoiries. Type de de Witte pl. LXXVII n. 1096. Beau.

1273 — **Révolution brabançonne** (Etats—Belgiques—Unis) 1790. *Florin au lion* debout fr. à *Bruxelles.* de Witte pl. LXXXIV, 1157. Beau.

1274 **Seigneuries. Gronsfeld. Jean I de Bronckhorst** 1508—59. *Schüsselpfennig* (Heller) L'écusson écartelé de Batenbourg—Gronsfeld dans un grénétis. Revue Belge 1884 pl. XIX, 3 t.b.c. Rare.

1275 — **Guillaume de Bronckhorst** 1559—63. $^1\!/_4$ *Thaler* + MONETA ✿ NOVA ✿ ARGENTEA ✿ DO ✿ I ✿ G. Lion rampant à g., la queue allongée et recourbée au-dessus de la tête pour imiter le lambel des monnaies du même type des seigneurs de Bréderode. Rev. SANCTA * MAR — IA * VIRGO * La Sainte Vierge avec l'enfant Jésus sur un croissant, entourés de rayons. Compz. Revue Belge. 1877. pl. 15. b.c. *Rare.*

1276 — **Jean II de Bronckhorst** 1598—1617. *Liard.* 6 ps. variées. Ae. b.c.

1277 — *Liard* IOES . COMES . D . BRONCHORST . ET . Armoiries couronnées Rev. IN . GRONSVELT , BARO . D . BATO . ET . Trois écussons Ae. t.b c.

1278 — *Demi-Liard.* 7 ps. variées. Ae. b.c. et t.b.c.

1279 — **Herstal. Henri I** 1253—85 *Esterlin* v. d. Ch. pl. I. 3. a.b.c, Rare. et **Jean de Louvain.** *Gros à l'écusson au lion.* v. d. Ch. pl. I. 10. b.c. ébréché.

1280 — **Hornes.** (Comté). **Philippe de Montmorency.** S. d. *Ecu au St. Martin* à cheval à dr. fr. à **Weert** PHILIPPVS * A * MOMMER — EN * CO * D * HORN. Armoiries. Rev. SANCTVS * MARTINV — PATRONVS * WERDEN' Cpz. v. d. Chijs pl. XII. 14. t.b c. Rare.

1281 — **Loos.** *Comté.* **Arnold** VIII 1280—1328. *Esterlin à tête* ΩOMES * ARNOLDVS. Rev. MON — ETA — ΩÓM — ITIS. v. d. Ch. pl. XX. 11 var. 2 ps. et *Esterlin inédit* avec ARNOL·DVS * ΩOMES. Revers type de v. d. Ch pl. XX. 12. b.c.

1282 — **Reckheim. Guillaume II de Sembreffe** 1400—75. *Denier* ✠ WILHL * (DE *) SOMR. Petit écusson aux armoiries. Rev. ✠ MON : — * NOVA * RE. Croix. v. d. Chijs. pl. XXV. 6. b.c.

1283 — Denier ✿ WILHEL ✿ DE SOMERI. Ecu au trois merles entre 3 rosettes Rev. MON — ETA — NOVA REK. Croix pattée avec aigle volant. Var. de v. d. Ch. pl. XXVI. 15. t b.c et *même pièce.* avec deux petits × dans les 3 et 4 cantons de la croix t.b.c.

1284 — *Denier noir* ✠ GVILLMVS : DE : SOMR. Ecusson avec les trois merles. Rev. ✠ MONETA : DE : REHEM. Croix. Cpz. v. d. Ch. pl. XXV. 7. t.b.c. Rare.

1285 — **Guillaume de Vlodorp.** 1556—65. *Florin d'or au St Pierre.* ✿ SANCTVS ✿ — ✿ PETRVS ✿ Saint Pierre, à ses pieds écusson aux armoiries de Vlodorp. Rev. MONETA o NOVA o AVREA o REC o La Madone couronnée avec l'enfant Jésus, sur un croissant. Var. de v. d. Chijs pl. XXVII. 49. **Or.** t b.c. *Rare.*

1286. — **Thorn.** *Chapître impérial de chanoinesses.* **Marguérite de Bréderode. Abbesse.** 1563. *Daalder* (Ecu de 30 Sols). MARGARE * D * BREDROD * AB * FVND' * SE' * THORE. Armoiries heaumées aux 4 lions, entre 15—63 Rev. DENARIVS * NOVVS * TRIGINTA * STVFERORVM. Variété de v. d. Chijs pl. XVIII. n. 17 ; sans marque monétaire (pomme de grenade) au revers. *Beau et fort rare.*

1287 — 1563. *Même pièce* avec SE' * THOREN' et au revers pomme de grenade comme marque monétaire. Cpz. v. d. Chijs pl. XVIII. 18. t.b.c. *Fort rare.*

1288 — 1569. *Daalder.* MO . LIB — IMPERIAL — FVNDAT . IN — THORE' Armoiries aux quatre lions entre M — DB (en monogramme). (Marguérite de Bréderode) au-dessus la Madone avec l'enfant Jésus entre 15—69 et trois petits écussons dans la légende. Rev. MAXIMILIA . II . ROMA . IMP . SEM . AVGVST (A V monogr.). Variété de v. d. Chijs pl. XXXII. 6. t.b.c. *Fort rare.*

1289 — 1569. *Demi Ecu* même type, que le nº précedent MO : LIB — IMPERIA . FVNDAT . IN — THOR. Rev. ❀ MAXIMILIA . II . ROMA . IM . SEM . AV. Comparez. v. d. Chijs pl. XXXI. 2. b.c. *Rare.*

1290 — 1570. *Daalder* (Ecu) comme le nº 1288 . MO : LIB — IMPERIAI — FVNDAT . IN . — THORE. Armoiries aux 4 lions entre M—DB. Rev. . MAXIMILIA . II . ROMA . IMP . SEM . AVGVS . Double aigle impérial. Variété de v. d. Chijs pl. XIX. 23. t.b.c. Fort rare.

1291 — 1570. *Demi Ecu* comme le nº précedent avec MO . LIB — IMPERIA' — FVNDAT . IN — THORE' Armoiries aux 4 lions entre N—DB. Rev. * MAXIMILIA . II . ROMA . IMP . SEM . AV * Double aigle imp. Variété de v. d. Ch. pl XXXI. 2. t.b.c. *Fort rare.*

1292 — **Anne de la Marck**. 1604—31. *Quatre sols.* ⚜ AN — NA . D . G . AB. — IN . THOR — EN . CO . D — M. Croix de Bourgogne. avec écusson couronné, la croix coupant la légende. Rev. MATHI . I . D : G . ELEC . RO . IM . SEM . AV . IV . S . Double aigle imp. t.b.c.

1293 — *Meme pièce.* avec ⚜ ANNA . D . G . AB . IN . THOREN . COME . D . M. La croix ne coupe pas la légende. Rev. avec ELE . et SEM . AV . IVS . t.b.c.

1294 — **Bréda** *assiégée par les Espagnols sous Spinola 1625. Monnaie obsidionale de 40 Sols* aux armoiries du gouverneur **Justus de Nassau.** Cpz. Mailliet. pl. XVII. 13. — v. Loon. éd, fr. II. 56. De Witte pl. LXXI. 1044.

1295 **Luxembourg. Jean l'Aveugle** 1309—1346. *Esterlin de Poilvache* REX — BOHE — IMIE. Serr. »Num. Luxemb.« 77 var. t.b.c.

1296a — *Billon* W. Rev. Croix. Serr. 132. b.c.

1296 — **Wenceslas** I 1356? 1385. *Esterlin aux 4 lions.* DVX — BRAB ANTIE. Rev. ✠ MONETA ⁝ LOCEBGES' Serr. 127 var. t.b.c

1297 — *Esterlin aux 4 lions.* Var. de Serr. 127 avec ✠ MONETA ° LOCEBGES' b.c.

1298 — *Gros.* Croix formée de quatre V. Rev. Deux écussons sous une couronne. Var. de Serr. 133 avec les lettres A pour Λ t.b.c.

1299 — **Wenceslas** et **Boémund** *archevêque de Trèves* ¼ *Gros.* Variété de Serr. n. 130 avec DEI ○ GRA ○ LV ○ DX. Rev. avec o entre les mots. t b.c. Rare.

1300 — **Wencesclas** II. 1383—88. *Double Sou.* Aigle et couronne. Serr. 143. t.b c.

1301 — **Elincourt Gui** IV. **Comte de St. Pol.** *Gros tournois* ✠ G . COMES . S . PAVLI. Rev. ✠ MONETA ELINCT. Châtel. Beau et rare

1302 **Flandre. Comté. Philippe de Thiette** 1303—05. *Gros au portail d'Alost.* Var. de Gaillard pl. XVIII n. 164. b c. Rare.

1303 — **Louis de Male.** 1346—86. ¼ *Ecu d'or* Le roi assis dans un dais gothique. Gaillard pl. XXV. 209 **Or** b.c.

1304 — *Double gros au lion heaumé.* (Botdraeger). Gaillard pl. XXVII 224. t.b c.

1305 — **Philippe le Hardi.** 1384—1404 *Chaise d'or* ✠ PHILIPPVS ⁝ DEI × — × GRA × — COM' × Z ⁝ DNS ⁝ FLAND' Le comte assis tenant glaive et écusson au lion. Rev. ✠PC ⁝ etc. Croix tritréflée dans une quadrilobe. **Or.** Belle et rare.

1306   *Double Gros* au lion à la mante. ✠ PĥILIPP' : DEI : G : DX : BVRG : zCOM : FLAND' Lion assis portant au col une bannière aux armoiries de Bourgogne. Beau.

1307 -- **Philippe le Bon** *duc de Bourgogne* 1419 -67. *Noble d'or.* P — ĥ'S : —.— DEI : GRA : DVX :BVRG : COMES : z :DNS : FLAND' Le duc debout dans un navire tenant un écu et une épée. **Or.** t.b.c. *Rare.*

1308 — **Philippe le Bon.** 1430—67. *Cavalier.* Pĥ'S : DEI : GRA : DVX : BVRG' : z : COME — S : FLANDRIE. Cavalier en galop à dr. en l'exergue × FLAD' × **Or.** t.b.c.

1309 — *Plaque ou Vierlander* ✠ Pĥ S : DEI : GRA : DVX : BVRG : z : COMES : FLAND. Armoiries remplissant tout le champ Rev. ✠ MOHET — A : NOVA : C — OMITIS : FLAND' Croix coupant la légende, en coeur une fleur de lis et cantonnée de 2 lions et de 2 fleurs de lis. Belle.

1310 — **Charles le Téméraire.** 1467—77. *Double Sol* (Patard). Ecusson à 7 quartiers. Rev. Croix fleuronnée. 2 ps. t b.c. et b.c.

1311 — **Philippe le Beau.** Mineur. (1488). *Florin d'or* au St. Jean Baptiste frappé à **Gand** BAPTISTA * PRO — SPER * ADESTE St. Jean au-dessus de l'écu au lion. Rev. Pĥ S' * — D' * G' * D' — * B' * CO' — FLA' * Armoiries sur une croix fleuronnée coupant la légende et accostée de G—A—N—D. **Or.** b c. *Rare.*
    Les Gantois mécontents de ce que Maximilien inscrivait son som sur les pièces fr. à Bruges. rouvrirent leur Monnaie au commencement de 1488 et y firent frapper de l'or et de l'argent. au *seul nom de Philippe le Beau.*

1312 — (1488). *Patard* (Double Sol) frappé à **Gand** + Pĥ S' * DEI * GRA * DVX * B' * COMES * FLA. Lion tenant écusson au lion. Rev. + FIAT * PAX * IN * VIRTVTE * TVA * EM * ĥA. Croix fleuronnée, cantonée de G—A—N—D. t.b.c. *Rare.*

1313 — 1494—1506. *Double Sol.* 2 ps. variées t.b.c.

1314 **Hainaut** Comté. **Jean II d'Avesnes.** 1280—1304. *Esterlin* fr. à *Mons.* Chalon pl. IV. 37. b.c.

1315 -- *Même piéce* avec IOĥ — S t.b.c.

1316 — **Guillaume** I 1304-37. *Esterlin* au *monogr. de Valenciennes.* Chalon. pl. LVII. 52. t b.c.

1317 — **Guillaum III de Bavière.** 1356—89. *Plaque d'argent.* Chalon. pl. XIV. n 101. t.b.c.

1318 — **Philippe le Bon.** 1433 -67. *Florin d'or au St André.* Pĥ S : DV — × × BVR — G × COM — × ĥANE Armoiries sur une croix. Rev. SANCTVS — ANDREAS St. André debout. Variété de Chalon. pl. XXI. 160. **Or.** t.b.c. **Rare.**

1319 -- **Cambrai. Guillaume de Hainaut.** *Esterlin à tête* ✠ GVILLS × × EPISCOPVS Rev. CAM — BRA — IEN — SIS. Croix coup. la lég. cantonnée de 12 globules. t.b.c.

1320 **Liège** Evêché. **Jean d'Enghien.** 1274—81. *Esterlin au lion* fr. à **Huy.** Var de de Chestr. 207 avec . I — Oĥ t.b.c.

1321 — *Meme pièce.* Comme de Chestr. 207 avec une pointe sur le N du revers t.b.c.

1322 -- **Adolph de la Marck.** 1313 44. *Quart de gros* fr. à **Huy.** de Chestr. 238 b.c.

1323   **Jean de Bavière** 1389—1418. *Griffon.* de Chestr. pl. XVI. 290. t.b.c. et b.c. 2 ps.

1324   **Jean de Horn** 1484—1505. *Florin d'or postulat* au St. Lambert. ✠ IOhIS' ELA AOFMAT' LEAODIEN'. Cpz. de Chestret n. 385. **Or.** b.c.

1325 - *Florin d'or au St. Lambert.* Variété de de Chestr. n. 386 avec hORN * et LEAODIE'. **Or.** t.b.c.

1326 -- **Erard de la Marck.** 1506—38. *Snaphaen.* St. Hubert gallopant à dr. accompagné d'un chien et d'un cerf. de Chestr. 441. t.b.c.

1327 -- **Gérard de Groesbeeck** 1567. *Demi Rixdaler* (½ Thaler). GERAR * A * GROIS' * EP' * LEO' * D' * BVL' CO' * LO' Armoiries heaumées. Rev. MAXIMI * II * ROMA * SEM * AVG 1567. Double aigle impérial. Cpz. de Ghestret. pl. XXXV. 515 t.b.c.

1328   **Siége vacante.** 1744. *Ecu au St. Lambert.* Buste à g. Rev. Armoiries. de Chestret pl. LI. 676. t.b.c. Rare.

1329 -- 1771. *Ecu au St. Lambert.* Buste et armoiries. Tranche fleuronnée de Chestr. pl. LIII. 697. Rare. Très beau.

1330 **Namur.** Comté. **Gui de Dampierre.** 1263—97 *Esterlin à tete.* Var. de Chalon. 56 avec. FLA — DRE t.b.c. troué.

1331 — *Esterlin au lion.* Chalon 53 t.b.c.

1332 **Tournai.** Seigneurie. 1584. ⅕ *Ecu Philippe.* PHS . D : G . HISP . Z REX . DNS . TORNA . Buste à g. dessous 8 tour. 4 Rev. Armoiries. t b.c

1333 - 1593. *Pièce de quatre Sols!* PHS . D : G . HISP . Z . REX . D . TORNA. Briquet cantonné de 15—93 d'une couronne et du byou du Toison d'or. Rev. DOMINVS . MIHI . ADIVTOR. Armoiries couronnées entre P—P. t.b.c. Rare.

1334 — 1595. *Double Sol.* PHS . D — G . HIS — Z . REX . D . TOR. Rev. DOMINVS . MIHI . ADIVTO . 9 tour 5. Armoiries. t.bc.

1335 - **Albert et Isabelle.** 1601. *Double Albertin.* ALBERTVS . ET — ELISABET . D : G. Ecu entouré du collier du toison d'or. Rev. (tour). ARCHI . AVST . DVCES . BVRG . ET . DOM . TOVR. Croix de Bourgogne entre 16—01. **Or.** Beau.

1336 — **Philippe** IV. 1652. *Patagon.* t.b.c.

Pièces Omises.

 1339 

1337 **Angleterre. Guillaume et Marie** 1690. *Halfpenny* au bustes accolés à dr. Rev. La Brittannia asise. Épreuve en étain b.c.

1338 — **George** III 1813. Shilling au buste lauré à dr. F.d.c.

1339 **Augsburg** 1562. *Florin d'or inédit* + ❀ AVGVSTA ❀ VINDELICORVM ❀ 156Z. Armoiries de la ville. Rev. IMP . CÆS . FERDINANDI AVG . P . F . DECR. Double aigle impérial. **Or. t.b.c. Fort rare.** *Voir la réproduction.*

1340 **Autriche. François** I 1824. Florin au buste lauré à dr. Beau.

1341 **Bavière Maximilien** I 1623. ¹/₄ *Thaler à la Madone.* MAXIMIL . D . G . COM . PAL . RH . VT . BAV . DVX . 16—23. Armoires. Rev. ❀ CLYPEVS OMNIBVS IN TE SPERANTIBVS. La Madone avec l'enfant Jésus dans les nuages, entourées de rayons. t.b.c. Rare.

1342 **Brabant. Philippe** IV. 1660. *Ducaton d'Anvers.* b.c.

1343 **Ceylon.** 1802. ¹/₄₈ *Rupee* et ¹/₁₉₂ *Rupee* (2 ps.) Atkins p. 196 n. 67 et 71 Ae. F.d.c. 3 ps.

1344 **Cirkars** 1797. ¹/₉₆ *Rupee.* Armoiries de la »East India Company«. Rev. Bale — marque. Atkins. p. 176 n. 129. t.b.c.

1345 **Genève.** 1590. *Monnaie de nécessité* de *XII* et *Six Sols,* pour les soldats de Genéve. Mailliet pl. XLI. n. 1 et 2. Ae. 2 ps. Belles.

1346 **Madras.** S. d ¹/₂ *Pagoda.* Av. Pagoda Rev. Figure de Vishnu. Thurston pl. XIV. 1. Atkins p. 167 n. 23. Beau.

1347 **Namur. Max. Emanuel** 1713. *Escalin.* Chalon. no. 265. F.d.c.

1348 **Portugal. Pedro** II. 1705. *Cruzado.* PETRVS . II . D . G . PORT . ET . ALG . REX. Armoiries couronnées entre ∷ 400 ∷ — ∷ 1705 ∷, la couronne divide la légende. Rev. IN ❀ HOC ❀ SIGNO ❀ VINCES . ❀ . Croix cantonnée de 4 roses. Manque à Teixeira. Beau.

1349 **Rome. Grégoire** XVI. *Scudo* au buste à g. Rev. »Lumen ad Revelationem Gentium«. Beau.

1350 — 1837. *Scudo* au buste à g. et 1830. *30 Baïocchi* au buste de **Pie** VIII à dr. 2 ps. Belle et b.c.

1351 **Saxe. Christian** II. **Joh. Georg et Aug.** 1603. ¹/₄ *Thaler.* Buste de Christian à dr. Rev. Bustes opposés de Joh. Georg et August. b.c.

1352 **Sicile. Ferdinand** II. 1834. *Pièce de 60 Grani* au buste à dr. Belle.

1353 **Transvaal** (Zuid-Afrikaansche Republiek). **Paul Krüger. Président**. 1898.
Pound au buste de Krüger à g. Rev. Armoiries avec dévise »Een-
dragt maakt magt.» **Or.** F.d.c.

1354 **Württemberg**. **Wilhelm**. 1857. *Gulden*. Buste et valeur. Beau.

Varia.

1355 1786. *Pièce de 10 Sous* avec ⚜ de la **Gueldre**, de **Westfrise** et d'**Utecht**
2 ps), y joint 1802. *Florin au navire* (Indiae Batavorum) et 1796. *Demi
florin de Westfrise*. 6 ps. Belles.

1356 1708. *Harzer-Tauf-Thaler*. Le Baptême. Rev. Légende t.b c.

1357 S. d. *Double Thaler*. Av. Le Baptême du Christ DIS . IST . MEIN .
LIEBER . SOHN . AN . WELCHEM . ICH . WOLGEFALLEN . HABE.
(Tête). Rev. La Madone debout avect l'enfant Jésus sur un croissant,
entourés de rayons ✿ SI . DEVS . PRO . NOBIS.— QVIS . CONTRA .
NOS . (tête). Beau

1358 Lot de monnaies et médailles en cuivre 34 ps. dont 3 ps. en argent.

1359 Lot de 9 monnaies romaines 3 ps. en argent.

N.B. La seconde partie de la Collection Dr. O. THÖNE. (Cata-
logue des médailles) est sous presse. **La vente aura lieu
les mêmes jours (17—20 Septembre 1900.)**

No. 147.   No. 725.   No. 282.

No. 353.   No. 745.   No. 503.

SOUS PRESSE.

LE CATALOGUE DE LA SECONDE PARTIE (MÉDAILLES)
DE LA COLLECTION Dr. O. THÖNE, DONT LA VENTE AURA
LIEU LES MÊMES JOURS.

IMPRIMERIE A. J. MICHIELSEN, AMERSFOORT.